历史的丰碑丛书

遗传学的奠基人
摩尔根

申斯乐　编著

吉林人民出版社

图书在版编目(CIP)数据

遗传学的奠基人——摩尔根 / 申斯乐编著 . -- 长春：
吉林人民出版社，2011.4 （2025.4 重印）
（历史的丰碑丛书）
ISBN 978-7-206-07663-3

Ⅰ.①遗… Ⅱ.①申… Ⅲ.①摩尔根（1866～1945）
—生平事迹—青年读物②摩尔根（1866～1945）—生平事
迹—少年读物 Ⅳ.① K837.126.15-49

中国版本图书馆 CIP 数据核字 (2011) 第 037152 号

遗传学的奠基人　摩尔根

YICHUANXUE DE DIANJI REN　MOERGEN

编　　著：申斯乐
责任编辑：李沫薇　　　　封面设计：孙浩瀚
制　　作：吉林人民出版社图文设计印务中心
吉林人民出版社出版　发行（长春市人民大街7548号　邮政编码：130022）
印　刷：北京一鑫印务有限责任公司
开　本：787mm×1092mm　　1/16
印　张：8　　　　字　数：72千字
标准书号：ISBN 978-7-206-07663-3
版　次：2011年4月第1版　　印　次：2025年4月第3次印刷
定　价：35.00元

编者的话

"欲知大道，必先为史"。

回溯人类的足迹，人们首先看到的总是那些在其各自背景和时点上标志着社会高度和进步里程的伟大人物。他们是历史的丰碑，是后世之鉴。

黑格尔说："无疑，一个时代的杰出个人是特性，一般说来，就反映了这个时代的总的精神。"普希金说："跟随伟大人物的思想是一门引人入胜的科学。"

以史为鉴，面向未来。作为21世纪的继往开来者，我们觉得，在知史基础上具有宽广的知识结构、开阔的胸襟和敏锐的洞察力应是首要的素质要求，而在历史的大背景中追寻丰碑人物的思想、风范和足迹，应是知史的捷径。

考虑到现代人时间的宝贵，我们期盼以尽量精短的篇幅容纳尽量丰富的信息，展现尽量宏大的历史画卷和历史规律。为此，我们编撰了这套丛书。

编撰丛书的过程，也是纵览历代风云、伴随伟人心路、吸收历史营养的过程。沉心于书页，我们随处感受着各历史时期伟大人物所体现的推动历史进步的人类征服力量。我们随着伟人命运及事业的坎坷与辉煌而悲喜，为他们思想的深邃精湛、行为的大气脱俗而会意感慨、拍案叫绝。

然而，在思想开始远游和精神获得享受的同时，我们也随之感受到历史脚步的沉重和历史过程的曲折。社会每前进一步都是艰难的，都伴随着巨大的痛苦和付出。历史的伟大在于它最终走向进步，最终在血污中诞生了鲜活的"婴孩"。

历史有继承性和局限性，不能凭空创造。伟人也有血肉，他们的思想、行为因此注定了同样具有历史的局限性和阶级的、时代的烙印；他们的功业建立于千千万万广大人民群众伟大创造的基础上。历史是人民群众创造的，伟大的人物们是历史和时代造就的。同时，我们也无法否定此间他们个人的努力。这也正是我们编撰这套丛书的目的。

我们期盼着这套丛书得到社会的认同，对读者，特别是青少年读者之历史感、成就感和使命感的培养有所裨益。史海浩瀚，群星璀璨。我们以对广大青少年读者负责的精神，精心遴选，以助力青少年成长进步，集结出版了《历史的丰碑》系列丛书，敬请读者批评、指正。

历史的丰碑丛书

编 委 会

策　划：　胡维革　　吴铁光

　　　　　林　巍　　冯子龙

主　编：　胡维革　　邢万生

副主编：　贾淑文　　谷艳秋

编　委：　(按姓氏笔画为序)

　　　　　于二辉　　刘士琳

　　　　　刘文辉　　孙建军

　　　　　李艳萍　　吴兰萍

　　　　　杨九屹　　隋　军

托马斯·亨特·摩尔根是20世纪最伟大的科学家之一。他在动物形态学、实验胚胎学、生物进化论、细胞学等多方面都有过系统的研究，是一位优秀的博物学家，尤其是他在遗传学上的重大发现，具有划时代的深远意义。他提出的连锁交换规律与孟德尔的分离规律、自由组合规律合称为遗传学的三大规律，成为遗传学的理论基础。他既为古典遗传学画上了句号，同时又为近代遗传学开启了先河。

他一生中取得过重大成就，获得过众多的荣誉和头衔，除诺贝尔奖外，还获得过达尔文奖和开普勒奖，担任过美国科学院院长。一个人取得成功和地位很难，能正确对待成绩和荣誉不为虚名所累则更难，仅能达到前者的可谓能人，只有同时把握住两者的才称得上伟人，摩尔根正是这样一位伟人。

目　录

历史的丰碑丛书

欢收藏标本的孩子

> 对一切来说，只有热爱才是最好的老师。
>
> ——爱因斯坦
>
> 伟大的热情能战胜一切。因此我们可以说，一个人只要强烈地坚持不懈地追求，他就能达到目的。
>
> ——司汤达

1866年9月25日，摩尔根出生于美国肯塔基州列克星敦一户很有名望和社会地位的贵族之家。他的父亲查尔顿·亨特·摩尔根曾任驻墨西拿（意大利西西里）的美国领事；他的母亲艾伦·凯·霍华德的祖父曾任马里兰州州长，外祖父是美国国歌的作者。摩尔根家族中最富有传奇色彩最为肯塔基人所熟知的要数他的伯父——约翰·亨特·摩尔根。

在南北战争时期，约翰任南部邦联的陆军准将，由于指挥灵活作战英勇而被誉为"霹雳大将"，后战死。摩尔根家族中的男性都跟随长兄约翰一道参加了南军，查尔顿也不例外，担任了骑兵上尉，曾数次被

← 摩尔根

俘。战争结束后，摩尔根一家由于参加南部邦联军而丧失了公民权和财产权，家道开始衰落。而汤姆（托马斯·亨特·摩尔根的小名）就是在这时出生的。

查尔顿整日为谋职而奔忙，但他的运气似乎越来越差，他用尽解数也未使状况有所好转。他开始将极

大的精力消耗在怀旧上，组织约翰的老部下举行各种纪念"霹雳大将"的集会，接待来访的从前南部邦联的军人。直到20世纪初，查尔顿还成功地举行过一次隆重的"霹雳大将"的巨大塑像的揭幕仪式。可汤姆却没有参加，当大部分的列克星敦人走上街头参加庆典之时，他正在纽约的一间实验室里手持放大镜从事着他后来获得诺贝尔奖的研究。

汤姆从来都是如此，尽管他童年时期耳边经常回响着伯父的名字，家中客厅里经常聚集着慕名来访的南部邦联的老兵，整个家族都以"霹雳大将"为荣。但小汤姆对此并不感兴趣，他并不热衷于家族中其他成员整日乐此不疲的事情，而是另有所好。

摩尔根和霍华德两家族中出过很有成就的实业家、外交家、将军、律师，但在他们精心保存的家谱中却从未有过科学家。家里人都说没见过像汤姆这样的孩子，他有时像个书呆子，捧起一本书聚精会神坐上半天，有时则拿着捕蝴蝶的网东跑西逛，到处扑蝴蝶捉虫子。他还常常组织一些小伙伴去列克星敦郊区采标本，一次他弄来一只猫，想看看它肚子里究竟有些什么，当他刚要动手时，猫苏醒过来，怒气冲冲地逃走了。夏季在马里兰州外婆家的别墅度假，这更是他大显身手的好机会，他把表兄妹们召集在一起，去附近的山林里收集他感到新奇的东西。小汤姆完全被神奇的大自然迷住了，他收集各种各样使他感兴趣的标本。在他10岁时，父母为他提供了两个房间，以便陈列越来越多的标本。他将这两间房子收拾得干干净净，粉刷一新，把所有的标本都精心整理好贴上标签，摆放整齐，这里就像一个小小的博物馆：有剥制的各种鸟、鸟蛋、化石、昆虫等等，这是他的专属领地，家里人从不干涉，这里装着汤姆童年时对自然的向往和对知

识的渴望。

1880年，14岁的汤姆考入了位于列克星敦的新建的肯塔基州立学院预科。学校设备简陋，全校200名学生和10多名教师挤在一幢租来的楼里，从顶楼到地下室的每一个房间都被利用了起来。学校只收男生。他们这伙人行为粗鲁，常常吵吵闹闹，使当地的市民和爱看报的公众既喜欢，又讨厌。学校生活制度极严，所有的学生，包括摩尔根在内，全是军官候补生，必须穿价值20美元一套的军装（学费才15美元），每天军训1小时，每星期5天。5:30起床号响了，这是一天的开始，晚上10点的熄灯号才结束一天的活动。白天，军号声把学生赶进课堂、教堂、自习室和饭厅。除此之外，校方还精心制定了189条校规，而且授予教职员一项权利（实则为义务），再多想出几条。全体学生每个星期天至少必须做一次礼拜。学生不得携带枪支或猎刀（不过很多学生不理会这一条）。除了教科书以外，学生必须要有校长特许才能把其他书籍或报纸带进校舍，汤姆被记过几次过，主要是因为做礼拜迟到，或是在教室和大厅里不守秩序。

在学校里，汤姆作为"霹雳大将"之侄自然是很荣耀的，但也曾为此遇到过一些麻烦。汤姆的法语老师是北部联盟的士兵，吃过"霹雳大将"的不少苦头，出于对其伯父的仇恨，汤姆的法语险些不及格。

这些对汤姆来说都不重要，他还是醉心于大自然。当时学校设立了两个专业：古典文学和科学，汤姆自然选择了科学。科学专业开设的课程主要有：数学、物理学、天文学、农学园艺、兽医学、博物学。在汤姆所学的全部课程中他最喜欢的要数为期4年的博物学。当时的博物学主要包括系统植物学、动物学以及一些人体生理学和某些地质学、地理学的内容。教授博物学的是A.R.克兰多尔教授，他过去曾是一名地质勘测队员，现在一边在学校教书，一边完成自己的博士论文。他是一位十分出色的人，汤姆非常喜欢他，汤姆后来曾说过他从未见过比克兰多尔更优秀的人物或更好的老师。汤姆的另外一位自然科学老师是罗伯

→摩尔根故居

特·彼得博士，他是内科医生、历史学家和出色的植物学家，肯塔基州第一个地质考察队的组织者，俄亥俄流域的科学先驱。正是在这些老师的指导下，汤姆一步步迈入了科学的殿堂，他开始如饥似渴地学习，各门功课都取得了很好的成绩。

由于克兰多尔的影响，汤姆每年暑假都参加马里兰州和肯塔基州的联邦地质调查。

野外找矿的工作又热又脏，接下来是单调乏味的化学分析。他明确了自己不是当地质工作者的材料。这段经历为今后的生活提供了很好的借鉴，他用优美的肯塔基文体写道：16岁的一年级大学生摩尔根走进深山里的一家乡村小店，站在一个大肚小火炉面前，满腹猜疑的山民们目不转睛地打量着他。其中一人发现他佩戴着一枚胸章，于是大伙儿就议论开了。就他们所知，佩有政府胸章的必是税务官无疑，而税务官又总是爱撒谎说他们从老远跑到深山里来只是为了寻找煤炭这种不值钱的东西。汤姆请在座的一位拉小提琴的人吹起水手的号角，他自己跳起复杂的快步舞，这样才打破了紧张局面，说明他确非税务官员，小店里的气氛由敌对转为友好。"凡是克兰多尔没教的理科课程，汤姆都是在罗伯特·彼得博士门下学的。他是原来的特兰西瓦尼亚大学医疗系前系主任。这个年事

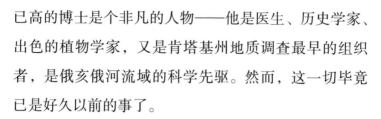

已高的博士是个非凡的人物——他是医生、历史学家、出色的植物学家，又是肯塔基州地质调查最早的组织者，是俄亥俄河流域的科学先驱。然而，这一切毕竟已是好久以前的事了。

摩尔根后来常常宽厚地提起肯塔基州立学院。他承认当时的条件的确简陋，但"为我们打下了坚实的基础"，"聘用的教师之出色令人惊叹"。

汤姆最初的系统的科学教育就是在这样的环境下接受的，在肯塔基州立学院的6年（2年预科，4年大学）很快就过去了，工夫不负有心人，汤姆以优异的成绩毕业了，获得了理学学士学位，并被教师们推荐为毕业典礼上致告别辞的毕业生代表。

获得理学学士后干什么？汤姆不想去经商，除了到研究生院去深造，他想不出有什么事可干。于是他选择了位于马里兰州巴尔的摩的约翰斯·霍普金斯大学。当初汤姆决定进入霍普金斯大学可能是出于两方面的原因：一是有一位高他两年级的校友进入了这所大学，二是他母亲霍华德的老家在马里兰州。尽管这些只是出于偶然，但对一个生物学家来说，霍普金斯大学的确是很理想的地方。

致力于生命科学的探索

立志是一件很重要的事情。工作随着志向走，成功随着工作来，这是一定的规律。立志是事业的大门，工作是登堂入室的旅程。这旅程的尽头就有个成功在等待着，来庆祝你努力的结果。

——巴斯德

1886年秋天，20岁的摩尔根来到了霍普金斯大学，并且选择了生物学系。此时，他风华正茂，犹如一棵刚刚育成的树苗，尽管笔直挺拔，已看出成材的势头，但要成为栋梁还需更多的风吹雨打。

霍普金斯大学创立于1876年，建校10年来已在美国和欧洲教育界获得了很好的声誉，并具有很大的影响。该校的座右铭是：真理会赋予你自由。因此，霍普金斯大学在正式开学时，就邀请了英国著名的生物学家、达尔文进化论的忠实支持者——托马斯·H.赫胥黎到校致开幕词，从而使这所大学一开始就扫除了开设进化论课程的障碍，这是许多大学40年后才着手解决的问题。学校董事会的成员们也都非常开明，尽管他们自己大多是虔诚的宗教信徒，但他们还是认为：在大学课堂上，讲课前做祷告是不合适的，并决定取消这一形式，这在当时也算得上是一种大胆的改革。

　　霍普金斯大学得到私人大量捐助，所以它不同于一般依照联邦莫里尔法案接受国家拨款的院校，对教会的各种派别、州和地方政府的政策，对于一些艰涩课程的设置，一概不承担任何义务，也不受其制约。

→霍普金斯大学

这是一所治学严谨的学校，学术空气很浓，科研设施完备，尤其是霍普金斯大学十分重视生物科学，当时除哈佛大学外美国各大学很少接触这一学科。生物系拥有一幢新建的实验大楼，在北卡罗来纳的波弗特和巴哈马斯还各设一分部，还创办了一本杂志《J.霍普金斯大学生物系实验室研究项目》。

霍普金斯大学的奖学金，就其所设的数量和每人的金额来看，都远远超过其他院校，于是吸引了全国的优秀学生。对摩尔根来说，更重要的是霍普金斯十分重视生物学。

霍普金斯大学生物系的科研实力更是雄厚，这里聚集着当时美国许多著名的生物学家，如 H.N.马丁、W.K.布鲁克斯、W.N.霍华德，以及日后成名的摩尔根的同学 E.G.康克林、R.G.哈里森，还有摩尔根的师兄 E.B.威尔逊。威尔逊为摩尔根在事业上提供过很多的帮助，他们一直是最好的朋友。马丁博士担任生物系主席，他在著名生物学家 M.福斯特的指导下攻读过生理学，还是赫胥黎的得意门生，并与赫胥黎合作写过一本影响很广泛的普通生物学教科书。此外，尽管当时美国训练有素的生物学家为数不多，但他们之间交往却很频繁，许多人来系里讲学或合作研究，使摩尔根得以接触外面的世界。他如鱼得水，其学识水平和

独立研究能力迅速提高。实际上，在这里进行研究工作就意味着已跻身于美国生物学名家之列，所研究的课题都是生物学当时的前沿问题。

赫胥黎在霍普金斯大学演讲时说过："世界的未来掌握在那些对自然界能做出比前人更进一步解释的人们的手中；……作为高等学府的最高职能就是发现这样的人，珍惜他们，并使他们为人类服务的才能得以充分发挥。"而霍普金斯大学正是以其独特的方法发现并培养着人才。首先，这里十分强调研究生教育，其研究生基金超过任何其他大学，这就吸引了一大批像摩尔根一样的优秀大学毕业生。其次，在当时美国高等教育并不十分重视实验教学的情况下，霍普金斯大学对实验课却情有独钟，生物系研究生的课几乎全部是在实验室里进行的。教师们指定一些参考书，对学生进行辅导，其余的工作就全都由学生自己独立完成。

霍普金斯大学建校之初，实验技术操作的训练在美国高等教育中没受到普遍重视。

该校生物系教师着手加强这方面的工作，使实验操作规范化和有明确的目的。显然，

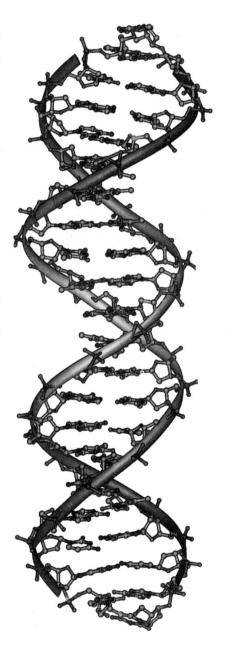

这套新的教学方法主要是在理科教学中推行，但就是历史教授有时也把他们的讨论课叫作"实验课"。生物学研究生所受的教育几乎全是在实验室进行的，每天都有人领着他们搞实验。传统的课堂讲授或背诵课本几乎完全取消，不过，教师也必定要提出学生阅读的参考书目，而学生们在研究中需要什么书籍，图书馆也尽量购置。

低年级学生集中搞实验操作，以便熟悉生物学研究

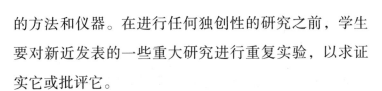

的方法和仪器。在进行任何独创性的研究之前，学生要对新近发表的一些重大研究进行重复实验，以求证实它或批评它。

霍普金斯大学教育自己的青年科学工作者：学术无禁区，没有任何人的著作是神圣不可侵犯的，霍普金斯大学教授们的文章照样可以批评。

总之，这里不提倡背书、讲大课之类的老式教学。马丁博士还十分重视对生物的活体进行观察研究，他说："生命的过程是不可能在死亡的躯体中观察到的。"另外，在这里没有绝对权威，没有哪个人的研究成果是神圣不可侵犯的，即使是霍普金斯大学自己的研究成果也不例外。学生们在开始独创的研究之前，总要将新近发表的研究成果验证一下，以确定其可靠性。布鲁克斯常说：任何理论都不能作为教条，只能作为进一步调查研究的起点而加以接受，对于达尔文主义也该如此。再有，这里注意培养学生不依赖高级设备，脚踏实地地进行艰苦细致的科学的工作作风。摩尔根一辈子都不相信价格昂贵的设备，这也是霍普金斯的影响。马丁把重复某些实验作为生物学系防止出现夸夸其谈的"浮夸之辈"的方法，他批评有些人恨不得立即从事复杂的研究，以为实验室里装着自动仪器，如同香肠加工器，只要从一头装进一只动物，转动一下操纵杆，在另一头就会出现了不起的结果。

开始，学生集中精力了解生物学研究所使用的方法和仪器，一旦通过了考试，系里就向他提出一个研究课题，其余均放手让他自己去解决，最后对其结果进行验收。这种撒手不管放任自流的做法也曾引起一些人的攻击，但布鲁克斯却说，这是出于他对达尔文的自然选择法则的坚定信念。他认为，让学生认识到自己是否能在没有外界帮助的情况下推进自己的研究工作，这是对学生实际工作能力的一种考验。后来的事实也证明了这种方法是卓有成效的，给摩尔根及其同学的成才奠定了坚实的基础。

摩尔根在老师的教导下，耳濡目染，很快就对实验式的研究途径发生了浓厚的兴趣，这与他讲究实际的性格和要亲自动手验证事物的热望相符合。正像他在《实验动物学》（1907 年）一书中所论述的：

实验法的本质在于：要求每一项建议

（或假设）在被认可取得科学地位以前，先得经受实验的检验。

研究者还必须……培养成一种对所有的假设，特别是对他自己的假设，持怀疑的态度，并在当有证据证明事实与假设正相违背时，立即放弃这些假设。

假设—怀疑—验证—确定，摩尔根就是沿着这样的思维方式开始了他毕生的探索和追求。

在霍普金斯大学里，摩尔根的才华进一步展露出来。他勤奋好学，容易冲动，无论做什么事都充满热情。在第一学年结束时，他的生物学成绩在班级名列前茅，两年后，他完全变成了一位专业人才。他曾在著名的切萨皮克动物研究所开展过工作，参加过赴巴哈马斯的科学考察。他的科学研究初见成效，第一篇论文发表在马丁编辑的一份小型学报上，报道了用几丁质溶剂溶化蟑螂卵周围的角质物的条件。很快，另外一些研究成果：青蛙繁殖习性；蛙虫幼虫的生长；变态藤壶幼虫的形态；母蟹跳舞等研究报道也相继发表在《美国博物学家》《大众科学月刊》及《形态学杂志》等期刊上。尽管这些研究还基本上属于描述性的，但却反映出了他在形态学上的扎实的功底和细致入微的观察能力，这些正是成就他以后的事业所必需的。

1888年，摩尔根在母校肯塔基州立学院获得了硕

士学位。该学院规定，只要在别的单位学习过两年，然后接受本学院的考核，达到标准即可授予硕士学位。但对摩尔根，学院却给予了额外的待遇，他过去的老师们一致通过授予他正教授资格。肯塔基州立学院热切地希望他能回校执教，他们甚至在1888—1889年的学年计划中列入了他的名字：托马斯·亨特·摩尔根，硕士，自然史教授。

此时，摩尔根家里的经济状况正处于相当拮据的时期，父亲查尔顿谋求政治职务屡受挫折，失去了固定职业，母亲内莉身体欠佳，妹妹内莉刚进入肯塔基州立学院预科，弟弟查尔顿还拿不定主意要干什么。22岁的摩尔根是家里唯一有能力做生意以维持家业的人，家里人也都希望他搞实业重振已衰落的家道。可

是这时，摩尔根获得了一笔竞争十分激烈的研究生基金（每年500美元，相当于当时一些年轻教员的年收入），这笔钱足以维持他的生计。

是去经商或是去肯塔基州立学院任教，还是留在霍普金斯大学继续博士学位的攻读，这是人生的十字路口。选择是要拿出勇气的，人生有得就有失。最终摩尔根决定再过一年俭朴的学生生活，致力于他所倾心的事业。他婉言谢绝了肯塔基州立学院诚恳的聘任。在给院长的信中他写道："我的工作都摆在我面前；要是我现在放下不干，也许就意味着永远不能再进一步了。若这样的话，我想，你和我都会感到遗憾的。"在他看来，他手头的工作是那么重要，那么紧迫，他宁肯牺牲其他利益，也不愿放弃他正在进行的研究。

不久后，摩尔根来到了马萨诸塞州伍兹霍尔海洋生物研究室。伍兹霍尔是个偏僻的渔村，过去曾是捕鲸中心，1885年在这里建起了海洋生物学实验基地。从一开始，布鲁克斯就积极参与了这个实验站的组建工作，霍普金斯大学也出资援助，双方签订协议，该校学生和教师可以来这里参加研究项目。来自墨西哥湾的温暖水流与来自缅因湾的寒冷水流及拉布拉多水流汇集在这里，海洋生物十分丰富，所以吸引了全美大批生物学工作者来这里开展教学和科研活动。

当时的生物学还十分盛行形态结构的研究和描述，生物学家们把兴趣集中在形态学、分类学上，大学的课堂里摆的都是一些经过分类的死标本。但在伍兹霍尔，这种情况有所改善，他们很容易弄到鲜活的生物体，并把它们带回实验室，不仅对其形态特点进行观察，还可对其生理活动进行探讨，搞一些活体实验。这对当时的实验生物学的发展起了一定的推动作用。

摩尔根在这里开始了博士论文的研究工作，指导教师布鲁克斯提议他研究海蜘蛛的归类问题。海蜘蛛是属于蛛形纲（蜘蛛一类的动物）还是属于甲壳纲（蟹、龙虾一类的动物），这是著名的分类学家林奈首先提出的问题。德国著名动物学家安东·多恩得出的

←伍兹霍尔海洋生物研究室

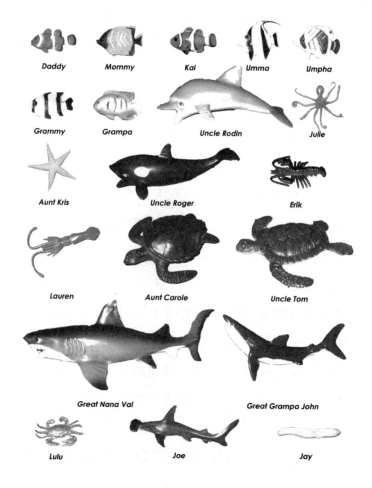

结论是：它属于甲壳纲而不是蛛形纲。摩尔根试着用新的方法从胚胎发生的角度去揭示这一长期争议问题。

　　这里聚集着许多学生和年轻的教师，在繁忙的工作之余，他们便搞一些有趣的活动，当然也少不了胡闹和恶作剧。男生们用装满海水的塑料袋打斗，把活蟹、大虾戴在头上装饰自己，各种比赛也经常开展。

Daddy　　Mommy　　Kai　　Umma　　Umpha

Grammy　　Grampa　　Uncle Rodin　　Julie

Aunt Kris　　Uncle Roger　　Erik

Lauren　　Aunt Carole　　Uncle Tom

Great Nana Val　　Great Grampa John

Lulu　　Joe　　Jay

这些当然落不下摩尔根，他历来喜欢运动，尤其是打球、游泳，他工作时就全神贯注，放下工作就要玩个痛快。

年轻人在一起少不了浪漫，据说这里也是著名的联姻胜地，而摩尔根正是在这认识了后来成为摩尔根夫人的莉莲·沃恩·桑普森，当然，这是十几年以后的事情。莉莲那时正在布林莫尔学院学习，是一位很有才华的学生，她一直对胚胎学深感兴趣。

紧张、愉快、充实的生活总让人觉得过得很快。几个月后，摩尔根的研究工作结出了硕果，他的博士论文《论海洋蜘蛛》顺利完成，结论是：海蜘蛛应归入蛛形纲，而不是甲壳纲。论文受到布鲁克斯的高度评价，后发表在《J.霍普金斯大学生物系实验室研究项目》上（论文长达76页），引起了很大的反响。

1890年，摩尔根在霍普金斯大学取得了博士学位，并且又获得了一项学校为正式研究员设立的研究基金，这使他又开始了为期一年的博士后研究。他先去欧洲并访问了那不勒斯动物研究所，这个研究所是德国动物学家安东·多恩于1872年创建的，是世界上最为著名的动物研究所之一，这里的一切给摩尔根留下了深刻的印象。返回后，他开始了新的研究。摩尔根不仅对早期胚胎的发育感兴趣，而且对丧失或受伤组织、器官的再生发生了浓厚的兴趣。他对扁虫、水母、多骨鱼、喇叭虫等多种动物进行了再生研究。第二年的夏天又去了伍兹霍尔。在以后的许多年里，摩尔根都要在夏天来伍兹霍尔待上一个时期。

1891年夏，摩尔根正式结束了他在霍普金斯长达5年的学习和研究，在威尔逊的推荐下，接受了布林莫尔学院的邀请，去那里任生物学副教授，接替威尔逊的工作，威尔逊本人已去哥伦比亚大学任职。

当年摩尔根离开老家时，不过是一个初出茅庐的大学生，有的只是满腔的热情和对事业追求的执着。而此时，他已是一位在生物学界小有名气的青年学者了。去布林莫尔上任之前，他回到了老家列克星敦，全家人都为他取得的成绩而高兴，尽管老祖母已卧病在床不久于人世了，但她头脑还很清楚，看到孙子学业有成，心中十分快慰，临终前将自己手中唯一的一张约翰·亨特·摩尔根的照片送给了他，表示她为汤姆而自豪。

实验胚胎学

地球上生命的发展以人类进化为顶点，这如果算是奇迹的话，那么每当一个卵发育成为一个成熟的有机体时，至少可认为是另一个奇迹。

——摩尔根

良好的方法能使我们更好地发挥运用天赋的才能，而拙劣的方法则可能阻挡才能的发挥。

——贝尔纳

离开列克星敦，摩尔根来到靠近费城的布林莫尔学院。这所学院于1885年创建，其目的是为妇女提供高等教育。摩尔根离开了全是男子的霍普金斯大学，来到全是女生的布林莫尔学院，但他并不感到陌生，该校理事会成员和教师大多是霍普金斯大学的毕业生，教学大纲也基本照搬霍普金斯大学的。

学校的生物学专业课由4名教员分担，摩尔根主要讲授普通生物学，J.洛布讲授生理学和生理心理学，他们俩是要好的朋友。在事业上合作得也非常愉快，其他的课程由另外两位老师担任。

　　摩尔根的教学任务十分繁重，每周5天，每天至少有两次课，每周还有一次胚胎学讲座，并且负责这些课程的全部实验及准备工作，每隔一周还要主持一次学报阅读晚会，讨论新近的生物学文献，此外还有指导博士生论文的任务。处理如此繁忙的教学任务的最好方法，当然是年复一年地讲授同样的内容，但摩尔根可不，他讲课时常常加上一些最近的研究成果，尤其是研究生的课，更没有固定内容。

　　尽管摩尔根的科研工作一直是备受赞誉的，他后来担任的行政领导工作也是无可挑剔的，但他的教学工作却时常受到非议。有些学生认为他散乱地、心血

来潮地向他们灌输了这样一大堆资料——事实和理论，毫无系统性可言。而另外一些学生却十分喜欢他：他开朗热情，学识渊博，他生动地将生物大千世界的广博和引人入胜的实

验方法展现在他们的面前，他还常常停下手中的工作耐心回答每个学生的问题，从不吝惜时间。他有热情，有才学，能使有兴趣的学生认识到生物学的广阔天地和多种多样的实验方法。这样，他轻而易举就赢得了大批追随者。他外出度假期间，这批学生总是十分想念他。他们说："这位新来的教师真棒，但在实验室里从不请我们喝茶。"

摩尔根在布林莫尔的头三年生活得很快活。网球场上经常可以见到他。学校里的各种集会他多半都要参加，虽然不常跳舞，但吃糖果点心却是尽心尽力的。

尽管教学负担如此沉重，但摩尔根的研究工作一直没有间断过。他仍旧选用一些海洋生物（如柱头虫等）和蛙类作为实验对象，这些有机体的特点是：身体小、数目多、肉体半透明，是研究胚胎学的好材料。

1894—1895年，摩尔根得到了一年的休假。这期间，他第二次来到了那不勒斯动物研究所，与德国生物学家H.德里奇合作，开始了胚胎发育的实验研究。

胚胎的发育简直就是一个不可思议的奇迹，一个小小的受精卵经过分裂和分化变成了复杂的有机体。令当时的生物学家们百思不得其解的是：同一个卵细胞一分为二，成了两个相同的子细胞，每个子细胞又分裂成为两个相同的子细胞，不断地分裂下去，所有的子细胞都来自受精卵而又都处于同样的环境中，为什么有些细胞变为骨骼，有些则变为皮肤或神经？

对于这个问题，当时存在着两种截然不同的观点：其一是先成论，认为受精卵中存在着一个幼小生物体的雏形，它自动伸展为成体。另一种是后成论，认为发育过程中，相同的子细胞逐渐分化为不同的细胞是卵中的物质成分相互作用的结果，这种发育过程是受诸多因素影响的。

许多生物学家针对这个问题做过验证，而结果也不尽相同，如胚胎学家鲁用蛙卵做实验的结果是，卵裂后两个子细胞之一被杀死，则发育成一个缺少一半的胚胎，这似乎支持了先成论。但德里奇用海胆卵做同样的实验，结果却不相同，单个子细胞发育成了一个完整的个体，而不是半个，这又符合后成论的观点。

种种相互矛盾的实验结果，使这场争论更加复杂化。

摩尔根开始着手研究内外因对卵发育过程的影响，他按照自己的设想设计安装了一些实验装置。如他将自行车倒置，把装有卵的大试管灌上水留有一个气泡，封闭好系在自行车辐条上，外加动力装置，使车轮每分钟转动12—16圈，这样卵就在水和气泡中翻动。摩尔根变换着实验方法，对多种动物的胚胎发育进行了实验研究。他发现，如果破坏两个子细胞之一就会产生不完整的个体，但将两个子细胞分开，单个子细胞可以长成完整的个体。他还发现，外界因素对胚胎的发育有着直接的影响，如往胚胎里注入弱盐水可导致脊柱裂。

他逐步认识到尽管在发育过程中某些外部因素能引起发育过程的改变，但胚胎仍然显示出要达到它预定目标的趋势，环境虽然可以在一定限度内制约胚胎发育，但其决定性的因素在于胚胎本身，在于胚胎组织和特定的胚胎部位彼此之间的相互作用。

在那不勒斯期间，摩尔根的视野更加开阔，而且对实验学更加推崇，以致他后来一直致力于实验生物学。他确信，生物学家只有用定量方法和实验方法才能使生物学的研究更具科学性，更接近物理学与化学的研究的严密和精确。40年后，当他获得诺贝尔奖时

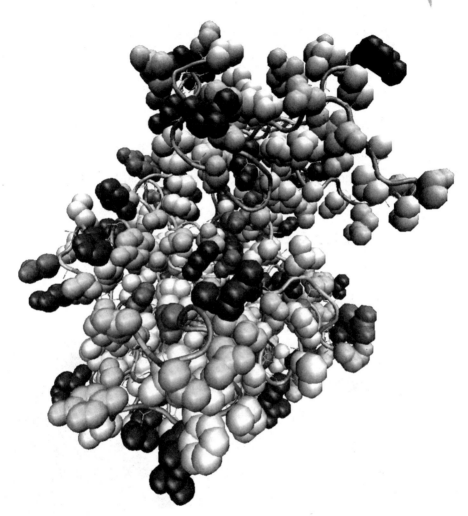

还特别指出：这是实验生物学的荣誉。他的意思是说
实验生物学与单纯的形态描述性研究是相对立的。

摩尔根对那不勒斯实验室赞不绝口，这里有一流
的设备和来自世界各地的一流学者，"当如此不同的成

员济济一堂时，必定会产生思想上和评论上的交锋；在这种交锋中，人人都会得到深刻的感受，并且获益匪浅"。摩尔根深感美国在生物学研究方面存在着很大的缺憾："在美国，我们对许多当前比较新的想法互不通气，而在那不勒斯，我们都能接触到现代最优秀的研究工作，这是世界上其他实验所办不到的。"

1895年秋，摩尔根结束休假回到布林莫尔学院，此时他已晋升为正教授，他仍旧担任着教学和科研任务，每年夏天去伍兹霍尔集中一段时间搞研究。这一时期，摩尔根除了继续胚胎学的研究外，又对再生作用发生了兴趣。

再生是一种很普遍的现象，如蚯蚓被截断后，两段各长出"丢失"的部分发育成完整的个体；水母被切成许多小块，每块都可以再生成一个完整的水母；胚胎的一个子细胞被损后，另一个子细胞可以长成完整的个体，这也可以看作一种再生。问题是：有些动物失去肢体后能再生，有些则不能；有些组织能再生，而另外一些组织则不能再生。被

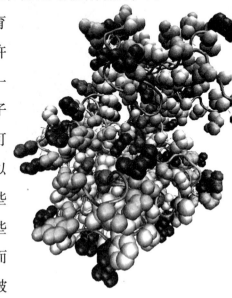

损的躯体是怎样"知道"自己该长出头还是该长出尾呢？是什么机制控制着再生？这些问题一直推动着他研究的深入，甚至直到他去世前，还在研究海星的再生问题。

1903年，摩尔根接受了老朋友威尔逊的邀请，去哥伦比亚大学任实验动物学教授。去一所规模更大的学校，是他在事业上的又一个转折点，他获得诺贝尔奖的研究就是在这里进行的。威尔逊曾谦虚地说过：他对哥伦比亚大学遗传学的唯一贡献，就是发现了托马斯·亨特·摩尔根。

在离开布林莫尔之前，摩尔根与莉莲·沃恩·桑普森结了婚，这时摩尔根已经37岁了，莉莲也已34岁。

哥伦比亚大学

不轻信权威

> 真理是时间的孩子，不是权威的孩子。
> ——布莱希特
> 每个人都应该坚持走他为自己开辟的
> 道路，不被权威所吓倒，不受现时的观点
> 所牵制，也不被时尚所迷惑。
> ——歌德

1904年秋，摩尔根来到了位于纽约的哥伦比亚大学。他来之前，双方有言在先，摩尔根的主要任务是科研，可以少担任或不担任课程。这给摩尔根的科研创造了有利的条件。

19世纪之前，人们对遗传的理解通常是这样的：子代的性状应是父本与母本的折中，如高秆与矮秆植株杂交，子代的秆高应介于父本和母本的秆高之间。但在孟德尔之前，无人对这类问题进行过成功的研究。

孟德尔是奥地利生物学家，祖籍德国，他于哲学学院毕业后，成为布隆奥古斯丁教派一所教堂的教士，但他一直热爱大自然，热爱科学。1855年，他开始用豌豆进行杂交实验，他选取了7个相对性状：

孟德尔的豌豆田

1. 种子：圆的——有皱纹或有棱的。

2. 子叶：黄的——绿的。

3. 种皮：白的——灰的。

4. 荚果：拱凸形——缢缩形。

5. 荚果颜色：绿色——黄色。

6. 花的位置：轴生的——顶生的。

7. 花轴：高秆——矮秆。

经过多年的杂交，他发现这样一些规律：两个相对性状亲本的子一代（F_1）只表现出一种亲本的性状，F_1相互杂交产生子二代（F_2），F_2中两性状分别表现出来，其比例为 3：1。每两种相对性状都决定于两个因子（后称为基因），两个因子一个为显性（A），一个为隐性（a），纯合的亲本体内的遗传因子为 AA 或 aa，

F₁由来自带显性性状（A）亲本的配子和带隐性性状（a）亲本的配子结合而成Aa型，表现为显性性状，F₁自交时，两个亲本各提供1个带显性性状（A）的配子和1个带隐性性状（a）的配子，F₂代就会出现AA、Aa、aa三种情况。如高秆因子为A，矮秆为a，则：

$$AA（高秆）× \quad aa（矮秆）$$

$$\downarrow$$

F₁ 　　　　A　　　　a（高秆）　　　　自交

$$\downarrow$$

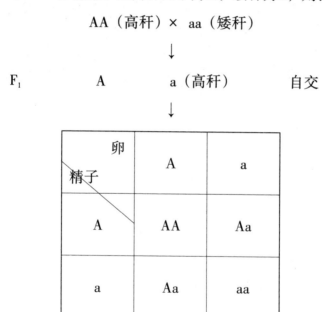

卵 精子	A	a
A	AA	Aa
a	Aa	aa

F₂ 　1AA（高秆），2Aa（高秆），1aa（矮秆）

高秆：矮秆=3：1

这就是分离定律。

而后，他又对两种性状同时观察，如用圆的子叶为黄色的与皱皮的子叶绿色的种子进行杂交，F₁代种子均为圆的子叶黄色，F_1代自交后，F_2出现了"黄圆""黄皱""绿圆""绿皱"4种类型，且比例为9∶3∶3∶1。孟德尔对此做出如下解释：圆（B）黄（R）为显性性状，皱（y）绿（r）为隐性性状

亲本　BBRR　（圆黄）　×　bbrr（皱绿）

配子　BR　　　　　　　　　　br

↓

F_1　　　　　　　　　　BbRr（圆黄）

当F_1自交时，父本与母本中的遗传因子B、b、R、r自由组合，产生的配子类型有BR、Br、bR、br，配子又随机组合：

父本配子／母本配子	BR	Br	bR	br
BR	BBRR	BBRr	BbRR	BbRr
Br	BBRr	BBrr	BbRr	Bbrr
bR	BbRR	BbRr	bbRR	bbRr
br	BbRr	Bbrr	bbRr	bbrr

F_2中有16种组合形式，其中同时带有B、R的为9个，呈圆黄性状；只带有B的3个，呈圆绿性状；只带

有R的有3个，呈皱黄性状；不带有B、R的1个，呈皱绿性状。这即为遗传学的第二大定律——自由组合定律。

1865年，孟德尔将其实验结果公开发表，可惜的

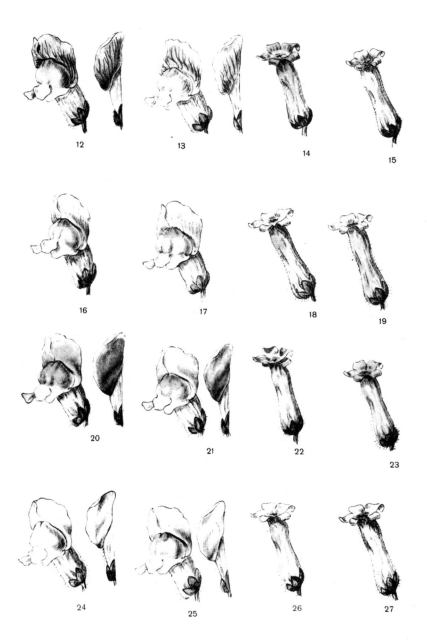

是，并没有引起科学界的重视。在这一伟大成果被埋没了整整35年之后，1900年有3位科学家几乎同时发现了孟德尔的定律，对孟德尔的再发现，给生物学界带来了不小的冲击，许多人都试图进一步验证这个规律。

摩尔根开始时对孟德尔的定律深信不疑："孟德尔试验结果的重要性及其广泛的适用性是显而易见的……孟德尔对他的试验结果所做的理论解释是如此简洁明了，没什么值得怀疑的，他已找到了真正的解释。"但是，在对孟德尔定律的验证中，他开始产生了怀疑，他将腹部为白色两侧为黄色的家鼠与野鼠进行杂交，其子代表现得毫无规律。

他开始觉得大家对孟德尔的信奉过了头，孟德尔的两个定律是否有普遍性？各种性状是否都能分离和很好地自由组合？

摩尔根对孟德尔的理论失去兴趣的同时，开始对突变学说着了迷。如果突变被认为是产生新种的普遍方式，新的物种能从经常发生的大量突变中产生出来，那么就用不着任何别的理论来解释生物的多样性了。

达尔文在《物种的起源》中是这样论述进化的："由于生活环境间接和直接的作用，有用和无用而造成的变异性；由于增长率如此之高而导致生存斗争，并随之导致自然选择，这势必就会出现性状的趋异，以及低劣类型的消失。"那么又该如何解释进化呢？达尔文引用了马尔萨斯在《人口论》中的观点：食物不能无限增加，也没有合适的方法限制婚姻，一旦产生了过多的后代，在不可避免的争食斗争中，只有那些适应性强的个体才能生存下去。但达尔文遇上了另外的难题：有较长脖子的长颈鹿由于能找到更多的食物而易于生存，但为什么长颈鹿一生下来就有较长的脖子呢？它的长颈是如何在种族中保留下来的呢？达尔文勉强地部分采纳了拉马克的获得性遗传：即父母在一生中所获得的身体上的技能、习惯或体格上的特征可以遗传给子代。

摩尔根在很长一段时间内对达尔文的理论持怀疑态度，鉴于他在胚胎学研究上使用实验方法的成功，他认为要想推翻拉马克的获得性遗传和达尔文的自然选择理论也应当通过实验。

摩尔根对其感兴趣的问题总是要用实验来加以解决，他常常是几个方面的工作一起着手。这一时期，他同时进行了蚜虫的性别决定，海水中掺入前列腺液、氨、盐类对海星精子的刺激作用，不同种类海胆之间的杂交等许多实验，其中不少走进了死胡同，他常常开玩笑说，他做着三种实验，一种是愚蠢的实验；一种是十足愚蠢的实验；第三种是比十足愚蠢更糟的实验。

然而正是这沙中淘金式的大量艰苦工作，使摩尔根得到了意外的收获。1908年，他安排一个研究生佩恩在暗室中饲养果蝇，看看它们的眼睛是否会因不用

而退化。佩恩将香蕉放在窗口招来果蝇（一种体长约
0.4cm的小蝇子，是哈佛大学长斯尔为研究近亲繁殖于
1900年首先将其引入实验室的），放入小瓶中，在黑暗
中连续培养了69代，当第69代果蝇刚被放出时，眼睛
似乎昏花，佩恩急忙叫摩尔根来，可这些果蝇很快就
适应了光照，恢复了视力，向窗外飞去，似乎什么也

没曾发生过。但是，果蝇作为一种相当理想的遗传学实验材料被引入了摩尔根的实验室：①果蝇繁殖迅速，25℃时每12天就繁育一代。②饲养成本低，一些发酵的香蕉就足够了。③占空间小，一只小奶瓶就可放上千只果蝇。④对摩尔根日后的遗传学研究尤为重要的是果蝇的染色体数目极少（只有4对），便于分析观察。

很快，摩尔根又用果蝇做第二种实验：诱发突变实验。植物学家德弗里斯在1900年就曾提出过，能穿入活细胞之内的伦琴和居里射线应当被用来设法改变生殖细胞中的遗传粒子。摩尔根和佩恩用X射线、镭、大幅度的温度变化、盐、糖、酸、碱等，处理果蝇，整整两年过去了，没有发现任何所希望的结果，摩尔根指着一排排的果蝇瓶子，对来看他的老同事说："两年的研究工作泡汤了。这两年，我一直在繁殖这些果蝇，可是却一无所得。"

也许这正是人们常常所说的那种黎明前的黑暗吧，再坚持一下就会看到黎明的曙光。

发现白眼果蝇

> 你若问我怎样去获得这些发现……，那么，我会这样说：靠勤奋……，靠聪明地运用假设（所谓聪明，我是说，如果找不到决定性的证据去证实这样的假设的话，那就赶快放弃它们），靠寻觅有利的材料……还要靠不要过多地举行遗传学会议。
>
> ——摩尔根
>
> 每种重要的事情以前都曾被某个并没有发现它的人谈到过。
>
> ——怀特黑德

　　摩尔根和佩恩每天手持放大镜观察果蝇，寻找突变。但在一只大约仅有0.4cm长的小果蝇身上发现变异，谈何容易。他们开始感到绝望，甚至要放弃了，然而奇迹却常常出现在你对它失去信心的时候。

　　大约是在1910年5月的一天，摩尔根实验室中诞生了一只白眼睛的雄果蝇（正常的为红眼睛）。这一偶然的发现，使摩尔根如获至宝，为了防止意外，晚上摩尔根就把这只装有白眼果蝇的小瓶带回家中，让它

睡在自己的床边，白天再带回实验室，这只白眼果蝇与一只正常眼的雌蝇交配10天后，产生了1240只后代，全部为红眼（有资料说，其中有3只为白眼，但摩尔根对此并未做出解释和声明），按照孟德尔的观点，白眼对红眼为隐性。F$_2$代果蝇间交配10天后，F$_2$代就出世了，其中3470只为红眼，782只为白眼，其结果与孟德尔的第一定律完全相符，两代果蝇中都没有出现混合遗传现象（眼睛颜色介于红、白之间）。摩尔根很快将这一结果报告提交给《科学》杂志，这是第一篇有关果蝇遗传的论文，是果蝇被用作遗传研究的新开端。从此，摩尔根开始了他一生中最为重要的，

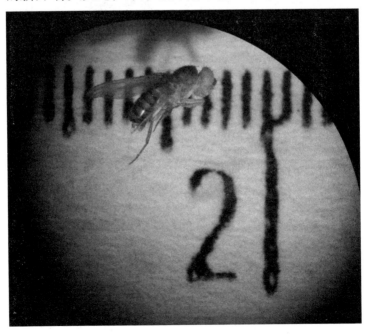

取得了最辉煌成就的研究，一干就是整整15年。

　　尽管这第一次实验结果符合孟德尔的3∶1的分离规律，但摩尔根发现，782只白眼果蝇无一雌性，均为雄性。随后，当他用白眼雌蝇与红眼雄蝇交配时，F₁代中出现了12的白眼雄蝇，另外12是正常眼雌蝇。很明显，白眼基因与孟德所说的其他隐性的基因不同，白眼与性别有着直接关系，摩尔根认为决定眼睛颜色

74　　THEORY OF EVOLUTION

2 whites, and not the usual 3∶1 Mendelian ratio. Yet, as will be shown later, the result is in entire accord with Mendel's principle of segregation.

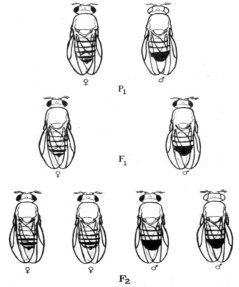

Fɪɢ. 35. Diagram showing a cross between a white eyed male and a red eyed female of the fruit fly. Sex linked inheritance.

的基因与决定性别的因素是结合在一起的。

当时的细胞学研究已发现了染色体（细胞有丝分裂时成对出现的能被碱性染料染色的物质），并且已知果蝇有4对染色体，其中3对雌雄蝇是没有差别的，而有一对在雌蝇是XX，在雄蝇为XY。但决定性别的因子是否就在X染色体上，摩尔根还不敢断定。

早在1903年，Sutton曾提出遗传因子可能存在于染色体上，但还一直没有人找到直接的证据，把特定的基因与一特定染色体结合起来。

摩尔根对此还有些疑虑，如在鸟类中雌性的XY型，而雄性的为XX型；再者染色体的数目在各种动物中也相差很多，金鱼104条，狗78条，一种小蝴蝶却有380条；另外，染色体的数目很少，但性状却是很多的，如果基因存在于染色体上，那么许多基因必定存在于一条染色体上，并随之一并孟德尔化。

为了找到基因存在于染色体上的更充分的证据，摩尔根他们开始一代代地繁殖果蝇。在此后的一段时间里，他们的工作十分顺利，每个月要发现一两种新的突变类型。其实，在白眼果蝇出现之前，至少出现过四种突变类型：胸部带有三叉黑斑；躯体呈橄榄色；翅膀呈串球状；翅膀根部带有异常颜色，但摩尔根把这些看成无关紧要的"胎记"，而没有把它们当作特例

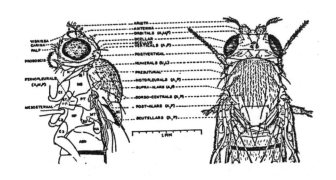

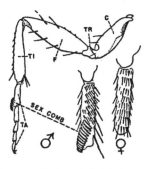

而珍视。也许是由于他们对白眼突变型的成功发现，而对突变产生了敏感的识别能力，到1912年末，已有40多种明显可见的突变类型。突变一经被确认，马上用来杂交，产生的F_1代进行自交，或与亲本回交，或与其他变种交配，这样就产生了各种所需要类型的果蝇。

发现突变型，杂交繁殖，计数统计其后代类型，分析变异规律，这些都是极为艰苦细致的工作。摩尔根及其同事和学生一班人马，将整个身心都投入到果蝇实验中去了。他们从学校食堂里"借来"大批奶瓶，

以饲养果蝇，计数时先用乙醚将果蝇麻醉，再将昏迷的果蝇摊开，手持放大镜仔细观察计数，计数完毕就将其弄死，如还需进一步繁殖，则把它放回玻璃瓶内，待苏醒后让它饱餐一顿香蕉。果蝇研究的高峰时期，在哥伦比亚大学附近的地铁车站，常能见到一群群学生放学时带着一瓶瓶果蝇回家，以便晚上计数，这使得研究小组成员的家属对他们的工作也有所"了解"。摩尔根一个学生的孩子在回答别人询问其父亲是做什么工作时自豪地说："我爸爸是替哥伦比亚大学数苍蝇的！"

摩尔根发现，事情正如他所料想的那样，几十种突变型可被明显地分成4大类群（连锁群，同一染色体上的基因不能分离而连锁在一起）。其中一类群中性状很少，而果蝇的4对染色体中有一对极小，染色体

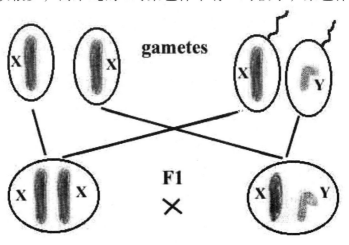

的长度与其所含基因的数目成正比，可以推断，基因存在于染色体上，这样白眼与性别之间的关系也得到了最为完美的解释。

一个问题解决了，又一个问题出现了。摩尔根发现小翅膀与白眼同为性连锁（即两者基因都在X染色体上），是不应该分离的，可当用在一条X染色体上带有小翅膀（d）和白眼（a）基因而另一条X染色体正常（带D、A）的雌蝇与一只正常的雄蝇杂交时，本应只出现正常蝇和白眼小翅雄蝇。但偶尔会出现反常现象：子代中有个别的白眼正常翅和红眼小翅的雄蝇。同一条X染色体上的d、a是怎么分离的呢？也许在细胞分裂的某一时期，两条同源的染色体相互靠近，并进行了遗传物质基因的交换，而且两个基因在染色体上的线性距离越远，其交换的可能性越大。

于是，他们开始根据实验中发现的同一连锁群中各性状交换的频率来推测基因在染色体上的相对距离。他们推算得十分精确，所绘制的基因在染色体上排列图，甚至在半个世纪后仍无需多大改动。

1915年，摩尔根与他3位最出色的学生A.H.斯特蒂文特，H.J.米勒和C.B.布里奇斯合作出版的《孟德尔遗传原理》，以大量的实验结果为依据，证明了基因是染色体的基本构成部分，呈线性排列，基因的遗传

规律与染色体的行为完全一致。该书对前一阶段的研究进行概括总结，确定了遗传学的第三大规律：连锁与交换规律。

在当时，染色体本身根本无法看得清楚的情况下，他们能对染色体基因理论做出如此精巧的预言，完全出自他们聪明的头脑所做的非凡的想象和逻辑的推理。

此后，他们的研究又不断取得成果，发现了致死基因、复等位基因、性平衡理论、染色体的倒位、多倍体、交换干扰现象、染色体不分离现象等，为现代遗传学奠定了基础。

随着摩尔根在事业上的成功，荣誉也纷至沓来，但摩尔根仍旧那么谦逊，那么脚踏实地。他认为，荣誉是果蝇室全体人员共同努力所获得的。

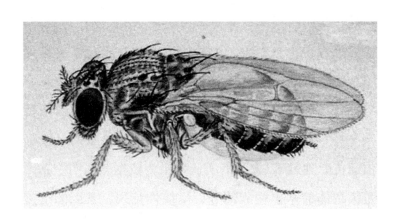

和谐的果蝇研究小组

> 世间没有一种具有真正价值的东西，可以不经过艰苦辛勤劳动而能够得到。
>
> ——爱迪生
>
> 人们在一起可以做出单独一个人所不能做出的事业；智慧、双手、力量结合在一起，几乎是万能的。
>
> ——韦伯斯特

在摩尔根获得了诺贝尔奖后，曾多次表示：研究工作是大家协作完成的，荣誉也应大家分享，要不是诺贝尔奖金不能同时由3个以上的人共享，而果蝇室的成员又不到4人的话，奖金本会授予整个果蝇室的。

在这个举世闻名的果蝇实验小组里，聚集着一群有着非凡智慧和工作能力的年轻人，摩尔根在选择人才时，独具慧眼，知人善任。他看中斯特蒂文特和布里奇斯时，他们还是不满20岁的大学生。那时，斯特蒂文特将一篇他写的关于老家农场里赛马毛色的论文《纯种跑马家系的研究》拿给摩尔根看，引起了摩尔根的注意。于是摩尔根帮他发表了论文并安排他在果蝇室工作，尽管他患有色盲病限制了他发现更多的突变，但他具有极其聪明的头脑和非凡的思辨能力，基因在染色体上的线性排列图便是他拟出的，当时他只有21岁。他还解释了复等位基因，并推断出了倒位（染色体上的一段基因断裂后倒转又重新接上），他的这一预言直到15年后人们发现了巨大唾腺染色体时才被证实。

　　布里奇斯则是以其敏锐的观察能力而得到摩尔根的赏识，一次摩尔根找一些学生帮助实验室刷瓶子，布里奇斯无意中透过厚玻璃瓶子发现了一个朱红眼的突变型，这是一般人即使用放大镜也难辨别清楚的颜色差别，摩尔根立即指定他留下做自己的私人助手，

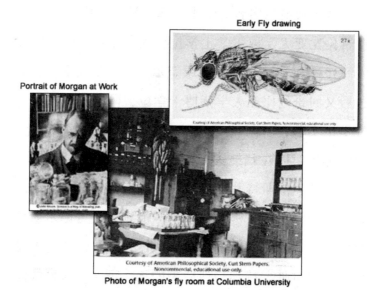

Early Fly drawing

Portrait of Morgan at Work

Courtesy of American Philosophical Society, Curt Stern Papers. Noncommercial, educational use only.

Photo of Morgan's fly room at Columbia University

其薪金很可能是摩尔根个人掏的腰包。布里奇斯不断地发现新的变种和稀有的遗传类型，并推断了不分离现象：细胞分裂时，两条同源染色体没有分离而进入同一子细胞，他还针对性别的决定提出了性平衡理论。后来布里奇斯发现了好多突变。他还发现了一些不寻常的遗传方式，他自己推测，这是由于一对染色体没有像通常那样分向两极，他称这种现象为"不分离现象"。他英年早逝，至1938年离开人世，始终是摩尔根亲密的同伴。布里奇斯和斯特蒂文特一样，读完大学取得学士学位后就直接在摩尔根指导下攻读博士学位。他们17年的主要工作是"为哥伦比亚大学数苍蝇"。

摩尔根最为出名的学生要算米勒了。他1910年已在哥伦比亚大学取得学士学位，当时正在读硕士研究生。1911和1912两年他在康奈尔大学医学院学习，但过后又回哥伦比亚大学读博士学位，同时兼任助教或带学生实验，时间是1912—1915年和1918—1920年，中间那段时间在赖斯大学朱利安·赫胥黎手下工作。虽然米勒不像斯特蒂文特和布里奇斯那样自始至终同原来的老师保持亲密的关系，但他作为《孟德尔遗传原理》一书的作者之一，对染色体——基因理论也做出了重大贡献。特别是他后来的工作证明了X射线能

使突变率激增150倍，为此他获得了1949年的"医学和生理学"诺贝尔奖。

还有一位要特别提到的人物：威尔逊，他一直是摩尔根最好的朋友，总是像兄长一样关心、帮助摩尔根。威尔逊是一流的细胞学家，其办公室就在果蝇室的隔壁，这使得摩尔根能及时地知道细胞学领域的新成果，并将其与遗传学上的发现有机地结合起来。在1932年举行的第六届国际遗传学大会上，威尔逊对与会代表讲了这么一番话："人们之所以把我看作一个遗传学家，这只是出于礼貌，其实我现在不是，过去也从来不是。所以，如果我这时候在你们面前夸耀我在遗传学方面也有所成就而至今尚未得到认可，你们一定会觉得意外。早在孟德尔的工作被重新发现之前，也就是40年前，我就发现了一个新的、超群出众的孟德尔式的人物，这个人你们谁都认识，就是这位可尊敬的遗传学大会主席托马斯·亨特·摩尔根。"

哥伦比亚大学谢默霍恩大楼613号，这间不到60平方米的果蝇室，成了全世界遗传学家向往的科学圣地，许多人来到这里，想亲眼看一看摩尔根和他的果蝇室，但常常令来者失望的是，摩尔根并非像神一样出现在大家面前，果蝇室也远不及想象的那么气派。事实上，果蝇室里杂乱不堪，摆满了装着果蝇的奶瓶，做培养基用的琼脂养活了不少蟑螂，走路有时会踩到老鼠，发酵了的香蕉气味冲鼻，果蝇计数板上沾满了前些日子撤死在上面的果蝇，引起了生物系其他人员的不满。斯特蒂文特的口齿最为伶俐，也是最崇拜摩尔根的学生。他曾经这样描述实验室里的情形："我们是一个集体。每人都有他自己的实验要做，但谁对别人正在做什么都了如指掌，对每一项新的结果都自由讨论。我们不大管谁的实验是优先的课题，我们也不太在乎一种新的想法或新的解释是谁最先想到的。"凡是在摩尔根手下工作过的人，谁都不会不提及他费了多少心血培养年轻人以及他对人的平易与友善。摩尔根的案头堆满了来自世界各地的邮件，当他觉得碍事时便把它们推到旁边一个学生的桌子上，而这位"老板"一离开，学生马上把这些东西再推回原处，这样推来推去，直到有人替摩尔根决定：将它们统统扔到垃圾箱里去。摩尔根并不介意这些，这正如他本人，不修边幅，不重视衣着。在他找不着皮带时，就用一条绳子系裤子。有一次，他正在实验室工作，突然发现自己的衬衣上有个明显的破洞，他便让别人帮着贴上了一小块白纸。由于他常常弄得乱糟糟的，曾不止一次地被误认为是看门人。尽管他衣着随便，但却总是保持一种优雅的风度。他身高1.83米，身体笔直，眼睛蓝得惊人，总是精力充沛，充满活力，似乎从不生病，他热情开朗，亲切随和，富有幽默感，同事们都很喜欢他。

果蝇研究组里充满着互相尊重、各抒己见、团结友好、坦诚相待的气氛，每个人进行着自己的实验，

→摩尔根生物科学中心

同时又清楚别人在干什么，对实验的结果和设想无拘无束地讨论，有时争得面红耳赤。他们很少计较新的见解出自何人，这与摩尔根豁达大度善于团结人是分不开的。

实验室的设备也是廉价品。摩尔根对公用经费之节约简直近于吝啬，这与他用自己的钱那种大手大脚的作风形成对照。不但装果蝇的容器多是代用品，就是研究用的设备也是临时凑合。在助手们的一再要求下，才逐渐购买一些实体镜代替手持放大镜，实验室的电灯罩是用白铁罐自制的。遇上屋顶漏雨，就在地板上摆几个水桶。冬天因怕果蝇受冻，布里奇斯做了一个简易恒温箱。摩尔根的实验使果蝇这小东西驰名远近，四面八方都来索取果蝇原种。摩尔根大大方方地把这些东西送给别人，而且分文不取。但他预计到他对哥伦比亚大学的东西如此慷慨处理必定会得到应有的回报。

为了向另一位生物学家要一些鸽子做实验，他写信说："我可不打算付鸽子钱，也不打算付运费。我们一直荣幸地满足着世界各地对果蝇的全部要求，但连一张邮票钱也没有要过。所以，请把鸽子寄给我吧。"与此形成鲜明对照的是，他掏自己腰包时十分慷慨。他曾个人为助手支付过薪金，为哥伦比亚大学生物系

的学生提供过匿名奖学金。

摩尔根是一个埋头工作的人，他喜欢脚踏实地，讨厌夸夸其谈，他曾告诫一位朋友："你还得学会远离走廊，因为走廊通常会把你引到会议室里去。"你的办公室"应当只有一把椅子，而坐在那把椅子里的应该是你本人"。

像摩尔根的学生们认为的那样，他是幸运的人，他所从事的正是他所热爱的事情。热爱给他带来了忘我的热情，有时甚至是不顾一切的冒险。一天黄昏，谢默霍恩大楼隔壁的体育馆起火，火势凶猛，大楼靠近火源一侧的窗框已开始受热变形，而果蝇室正在这一侧。摩尔根心急如焚，不顾警察的阻拦，一口气攀上6楼，直奔果蝇室，他无法把果蝇全部拿出楼来，只好移到离火较远的一侧，当他把一瓶瓶果蝇全部移完时，大楼里已灼热得令人窒息，他才不得不离开大楼，焦急地注视着火情，直到大火全部熄灭，果蝇安全无恙，他才肯离去。

秩序混乱、环境肮脏是这间蝇室的典型特征，但严格而艰苦的研究却在里面静静地进行着。摩尔根站在他那乱七八糟、堆满信札的工作台前通过一个珠宝商用的目镜数着果蝇。摩尔根的工作台之不成体统还不止于此。同他一道工作的人大多数把死蝇丢进一个大家称之为"停尸房"的油瓶里。而摩尔根干脆用他那瓷计数板把果蝇压烂了事，使这计数板经常长满了霉。有时，研究生的家属（家属常常能找到一份照料果蝇的工作）会提心吊胆地把这位大人物的计数板上已经半干的果蝇给冲洗掉，但他看不惯这干净得发亮的瓷板，于是，第二天更加用劲把果蝇压死在上面。

　　果蝇室就是这样一个团结和谐、工作繁忙但有条不紊的战斗集体。摩尔根被大家称为"老板"，但他却不像一般的老板那样整天指手画脚，而是充分信赖每一个成员，放手让他们自己去做，而他为大家提供的则是"取之不尽的支持、鞭策和保护"。

Thomas Hunt Morgan
Geneticist, Nobel Laureate (1896 – 1945)

Courtesy of CalTech

Morgan's discovery
is illustrated on this
Swedish stamp.

幸福的摩尔根一家

> 照亮我的道路，并且不断地给我新的
> 勇气去愉快地正视生活的理想，是善、美
> 和真。要是没有志同道合者之间的亲切感
> 情，要不是全神贯注于客观世界——那个
> 在艺术和科学工作领域里永远达不到的对
> 象，那么在我看来，生活就会是空虚的。
>
> ——爱因斯坦
>
> 不要因为长期埋头科学而失去对生活、
> 对美、对诗意的感受能力。
>
> ——达尔文

与许多伟人的坎坷经历相比，摩尔根是幸运的。他出生于名门，少年时无忧无虑地读书，做自己想做的事情，求学一直很顺利，他遇到了一位又一位学识渊博、循循善诱的老师，他的整个成长过程可谓一帆风顺。最为幸运的是，他找到了一位聪明能干、贤惠善良而又志趣相投的好妻子莉莲。

摩尔根的生活方式没多大变化，仍是冬天从事学术活动，夏天在伍兹霍尔度过，但他的生活内容却很不相同了。他找到了一个至美至善的妻子，使他摆脱

→摩尔根夫妇和孩子们

了人间的琐事。

　　他再也不需去钉一个钉子，也不必去学开汽车，更不必去收拾行李。他的手稿有莉莲校对。莉莲对于他进行的最高深莫测的实验的细节都能领会，密切注视着他研究工作的进展。

　　莉莲毕业于布林莫尔学院，早年从事过细胞学和胚胎学的研究，是一位很有前途的生物学家。但是，她为了成就其丈夫的事业而做出了自我牺牲。婚后她所考虑的事情第一是托马斯·亨特·摩尔根，第二是孩子们，然后才是她在实验室里的工作。她在给婆婆的信中写道："尽管我一天比一天更深地爱他、敬他，但我明白，我尚未完全理解他。我指望着您帮助我懂得如何才能使他过得更幸福。"

　　她料理家中的事情，帮助摩尔根处理好与其家庭的关系，摩尔根与母亲和妹妹的关系一直很好，他可以算上是他们的保护人，但有一时期他与父亲和弟弟有些隔阂，莉莲成了他们之间的调解人，她承担起了与摩尔根家中通信的任务，联络其间的感情。

　　最初，摩尔根一家迁入了一幢租来的房屋，到谢默霍恩大楼的办公室和实验室只需步行5分钟。汤姆和莉莲总是在一起，他去野外，莉莲也陪着他。她给他母亲的信上说，"我又当上他的尾巴了。"她还尽量

抽些时间待在实验室，在一旁干自己的工作，从不妨碍别人。傍晚回到家里，他俩分别坐在餐桌的两头，各人写各人的东西。最初那几年还没开始果蝇研究，家里宾客不断。莉莲喜好音乐，常拉着丈夫去听演奏；他也教她滑冰。他们经常与在纽约的莉莲家人和大学或自然历史博物馆的生物学界的朋友一起参加宴会。

婚后一年，莉莲怀上了孩子。奶奶赶忙从南方把汤姆幼时睡的青龙木摇篮运来，又亲手缝制精美的婴儿衣服，就像当年她为汤姆做的一样。1906年2月22日霍华德·基·摩尔根降生在纽约城，他一定算得上人世间最受宠爱、衣着最华丽的孩子。莉莲在给婆母的信中这样写道，"您问我汤姆待孩子如何，我只能悄悄对您讲，就像他是个十全十美的儿子和丈夫一样，他也是个十全十美的父亲。"他老喜欢逗着孩子玩，所以，全家不得不做出一条规定，孩子该睡觉时，爸爸不得进入婴儿室。夏天，霍华德·摩尔根被带到伍兹霍尔避暑，他们在一个捕龙虾的渔民家里租了几间屋子。

莉莲生孩子以后，仍然坚持实验室的工作。她在信中告诉婆母："有几个人在汤姆手下工作，我是其中之一。"但她难以恢复以往的精力。她生孩子时已经36岁，而现在，他们生活中又添了一件事弄得她手忙脚乱。他们正安排在伍兹霍尔桑迪克罗山的巴泽兹湾大街上修一幢大公馆，当时那儿还是一片马铃薯地，离实验室约四分之三英里。

这幢楼房将是工作场所，又要供一家人住。有一间宽敞的起居室，其中一部分可以当客厅，有六间卧室，两条能睡人的走廊，第三层楼上至少有四间屋子供女佣住。在伍兹霍尔同在纽约一样，佣人是摩尔根家里不可缺少的。每年夏天，不仅摩尔根一家住在伍兹霍尔，而且，纽约的学生和朋友也不断来来去去，有时还有名流贵客造访。有些时候，这幢房屋里住着17口人，他们兴致勃勃排成一行，在唯一的一间浴室外面等候自己的轮次。

翌年夏天，全家回到伍兹霍尔，迁入刚建好的新居。随同一道的有几个学生，一名侍女和霍华德的一名奶妈。不过莉莲早就被安

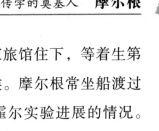

排到海湾对岸的新贝德福德一家旅馆住下，等着生第二个孩子，身边有一个女佣侍候。摩尔根常坐船渡过海湾去看望她，给她带去伍兹霍尔实验进展的情况。1907年6月25日，一个女孩降生了，依照莉莲喜爱的姐姐的名字取名为伊迪丝·桑普森·摩尔根。

这一个人口增加了的家庭回到纽约，住进他们新买的一幢公馆，与他们原来住的地方在同一条街上，地点十分方便，离谢默霍恩大楼仍然只有几分钟路程，离威尔逊的住处只隔三个街区。摩尔根离开哥伦比亚大学以后，坐落在西117大街409号的这幢建筑被哥伦比亚大学买了下来，改建为人体变异研究所，就在从前摆放摩尔根经常斜倚着的那张小台球桌的地方，实验和研究目前仍在继续进行。

第三个孩子莉莲·沃恩于1910年1月5日出生在纽约。1911年8月20日，当摩尔根带着三个孩子（当然还有一大帮佣人）住在伍兹霍尔时，第四个，也是最后一个孩子在新贝德福德降生了。这个孩子取用外祖母的名字，叫伊莎贝尔·梅里克（莉莲之母伊莎贝拉的叔父塞缨尔·沃恩·梅里克曾是宾夕法尼亚铁路公司第一任董事长）。摩尔根一家显然喜欢沿用原家庭成员的名字，要不然很可能取成别的什么名字了。当他的学生莫尔夫妇生下一名女婴时，摩尔根在给他们

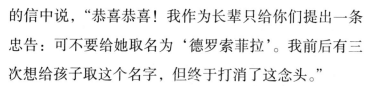

的信中说，"恭喜恭喜！我作为长辈只给你们提出一条忠告：可不要给她取名为'德罗索菲拉'。我前后有三次想给孩子取这个名字，但终于打消了这念头。"

家里有了四个孩子，摩尔根自己的研究也恰好进入一个使人兴奋的新阶段，这给他家的生活带来了极大的变化。摩尔根以前喜欢旅行，现在大半取消了。"你看得出，"他嘟哝道，"我无法带着这一大群小家伙出去走动。"但是，小家伙只不过是个借口，要旅行自会有莉莲料理行装，她可能也乐于干这种工作。社交生活也减少了许多。每当莉莲拿着请柬来问他时，他总是说："你去哪儿都行，只要把孩子带上。至于我，还得去实验室。"

莉莲仍然常去看望朋友，尤其是那些可以一道拉小提琴的朋友。她喜欢每周一次在他们家举行的有学生、同事参加的学术研讨会。她不声不响地参与自己感兴趣的文化生活和政治活动。有些活动具有浓厚的自由派色彩，要是摩尔根知道，他绝不会支持，甚至不会允许，但她十分小心，不让丈夫知道。她衷心相信国际联盟的作用，也是个狂热的妇女参政的鼓吹者，但她觉得没有必要让摩尔根操心。她参与这些事业，主要是从经济上予以资助，自己很少去东奔西跑。金钱比时间来得容易，而她的时间要用来支持丈夫的复

杂劳动。

　　事实上，全家的生活都以摩尔根的工作时间表为中心。一周七天他都睡懒觉，孩子们吵吵嚷嚷吃过饭以后，他才独自一人用早餐，然后步行去实验室。中午他回家与妻儿一起吃午饭，然后又回去工作。下午5

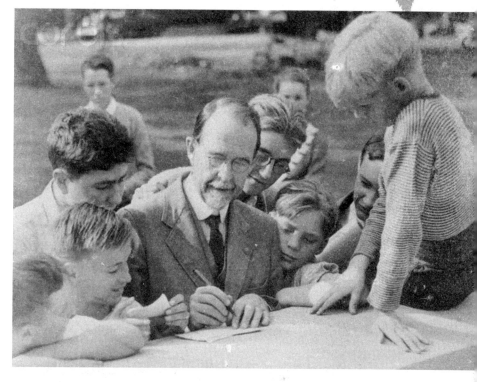

点整，他同一些同事在哥伦比亚大学体育馆打手球。他们这支由老夫子们组成的松散的球队常常使同他们初次交锋的新生们产生轻敌思想而被打得落花流水。摩尔根提倡体育活动，是个热心的爱好者，打一小时球后回家，身上常常有几处外伤可供炫耀。在全家吃晚饭之前，他爱喝一杯威士忌。在美国禁酒时期，他用无花果自酿果酒。

晚饭后，他同孩子们一道玩。孩子还小时，他匍匐在地板上同他们嬉戏。孩子们大了，爱提问题，只要不是他们可以自己查书的，他都耐心解答。睡前他给孩子们讲各种精彩的故事，给霍华德讲曲折离奇的侦探故事和惊心动魄的牛仔故事，给伊迪丝、莉莲、伊莎贝尔讲童话。他还常常一面画图一面讲。

孩子们慢慢长大，他让他们自己玩耍，但自己总是在一旁陪着。他的心思，一半分配给地板上的嬉闹，一半分配给膝头上的《科学》或其他什么杂志。孩子们上床睡觉后，他回到自己的书房（那是在这幢邸宅顶上的五楼添设的）。在这儿，他坐下来一直写到深夜，而莉莲总是在一旁陪着他。她坐在书房的长沙发上看书，或补衣服，或写信，从不打搅他的工作。他们只是喜欢厮守在一起。

尽管家务耗费了莉莲许多的精力，但她还是要挤出时间去工作。她有了两个孩子时，每天把家务安排给三四个仆人，仍然坚持在实验室呆上几个钟头，直到她有了第四个孩子时才离开了实验室。莉莲承担起了教育子女的责任，她教男孩子学习木工活，教女孩子们学着织补衣服，直到最小的孩子上了学，她才又回到了实验室里。

莉莲在果蝇室里并没有明确位置，她既不是学生，又不是助手，也够不上真正意义上的同事，她得不到任何报酬。刚开始与她交往的人，觉得她很威严，似乎难以接近。学生们在她面前总感到有些拘谨，但接触时间多了，渐渐地他们就会发现：她心地善良，为人随和，总是像母亲一样关怀爱护着每一个人，特别是那些外国留学生和他们的妻子。她成了许多人的好朋友。

她以自己的细心和敏锐，在实验室中起着积极的作用。一次，她发现了一个果蝇新变种，可是，这只果蝇突然不见了，大家都以为它被碰掉在地上，开始在地板上搜索起来，可莉莲却断定它一定苏醒过来飞走了，果蝇有趋光性，所以她断定它一定会飞向窗口，

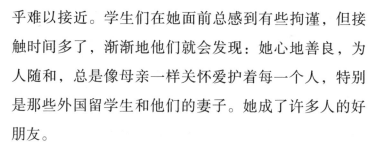

她果然在那里找到了这只果蝇。这是一只不同寻常的黄腹雌蝇，黄腹是性连锁的隐性性状，将这只雌蝇与正常的雄果蝇交配，本应该产生正常的雌蝇和黄腹的雄蝇。然而实验的结果却与预想的恰恰相反，F_1代中的雌性全部为与母亲一样的黄腹，而雄蝇偏偏全是正常的。

唯一的解释是，用布里奇斯的染色体不分离理论，认定这只黄腹果蝇的性染色体为XwXwY型，而两条X染色体又是连在一起而不能分开的，这样它只能产生两种类型的卵：带XwXw和带Y染色体的卵子，分别与正常雄果蝇产生的带X+和带Y的精子结合在一起，产生带XwXwx+型、YY型、XwXwY型、X+Y型的4种受精，XwXwx+型与YY型是不能存活的，所以只剩下XwXwY（黄腹雌蝇）和X+Y（正常雄蝇）型的个体。这一理论马上得到了细胞学的验证，再一次将基因遗传的规律与染色体的行为完美地结合起来，进一步雄辩地证明了基因存在于染色体上。并且也证实了布里奇斯的性平衡理论。Y染色体并不决定雄性，无论带不带Y染色体，当只有1个X染色体时都为雄性，有2个X染色体时都为雌性，而有3个X染色体时都为超雌性。

直到摩尔根去世后，莉莲还坚持工作，1952年，当她被确诊为肠癌后，还在医院的病床上写下了最后一篇论文。临终前，医生问她还有什么要说的，她说："没有了，我想人人都会理解我的。"

尽管莉莲将家中的一切都照顾得井井有条，但摩尔根还是尽可能抽出一些时间来关心每一位家庭成员，正像莉莲曾对婆婆说："这像他始终是个好儿子和好丈夫一样，他也是一位理想的好父亲。"由于他常常把孩子逗得乐不可支，莉莲不得不在孩子们该睡觉时，"勒令"他退出育儿室。

无论摩尔根多忙，圣诞节他是不会忘记的，全家人一起去选购圣诞树，并扎上精致的小蜡烛，然后焦急地等待着圣诞老人的出现。圣诞老人终于来了，他穿着一件毛皮滚边的红色浴衣，飘垂着白色的长胡子，

用一双亲切的蓝眼睛注视着孩子们，并分发给他们礼物，尤其是要送给他们一把剪刀，上面附上字条，希望大家剪除口角，而不再争吵。但令孩子们感到遗憾的是，他们的父亲在这一天从未及时赶回家来见见这位好人。许多年后，孩子们都长大成家，并且也有了孩子，这位蓝眼睛的圣诞老人又出现在孙儿们的面前。

每年的夏天，全家人都要跟随摩尔根到伍兹霍尔去，这是孩子们最高兴的事情。学期结束后，莉莲为大家准备好行装，全家人和几个佣人带着一大堆行李和一笼笼小白鼠之类的小动物，当然也少不了一瓶瓶的果蝇，还有一群前来送行的学生和同事，队伍浩浩荡荡涌向车站，孩子们乐不可支，帮助大人拿着果蝇瓶，向往着在海滨度过美好的假期。摩尔根到达目的地后，第一件事就是打电报给助手，告诉他们带去的果蝇平安无事，安全到达。这样，留在实验室的果蝇才可以被处理掉。而摩尔根返回时，还要留一些果蝇在伍兹霍尔的实验室中。

摩尔根在伍兹霍尔有一幢豪华的大住宅，他的父母及妹妹每年也要到这里来消夏，他的一些学生和朋友也经常出入这里，夏季这所房子里总是热闹异常。这一期间，摩尔根白天去海洋生物研究所的实验室，晚上写作到很晚，总是忙于工作，他根本就不像是来

休假的。只是每天中午多一项与大家一起去游泳的活动。

在摩尔根家里，生活一直是舒适的。除了薪金、版税和大笔大笔的讲课酬金之外，摩尔根夫妇还有股票和公债的收入。但摩尔根从不夸耀自己的富有。他有时穿得破破烂烂。即使是那些人们经常谈到的他慷慨解囊的事也是悄悄做的，通常不留姓名。这个家，一方面生活优裕，丰衣足食，佣人成群，另一方面也厉行斯巴达式的节约。比如，有个孩子回忆当年的情况，他们拖到圣诞节前夕才去买圣诞树，因为那时圣诞树已跌价了。

1921年，莉莲已五十开外，常板着一副面孔，头发往后梳得平平整整，戴着一副夹鼻眼镜。好些学生对她怀有敬畏，不知在实验室应该怎样同她打交道。但莉莲一心一意搞她的果蝇研究，而且十分在行。慢慢地，学生们认识到她本质的一面：心肠好，待人宽厚大方。她与丈夫不一样。摩尔根如果心情好，可以表现出南方人特有的平易近人，但如果碰上心绪不佳，他也可能表现为恶作剧的粗鲁无礼。莉莲呢，要同她接触一段时间才会对她产生好感。不过，她对有些学生的妻子简直像慈母般地关怀，特别是外国学生的妻子。除此之外，她同许多人结下了友谊。

　　幸福、和谐的家庭使摩尔根的精力更专注地投入
到事业中去。

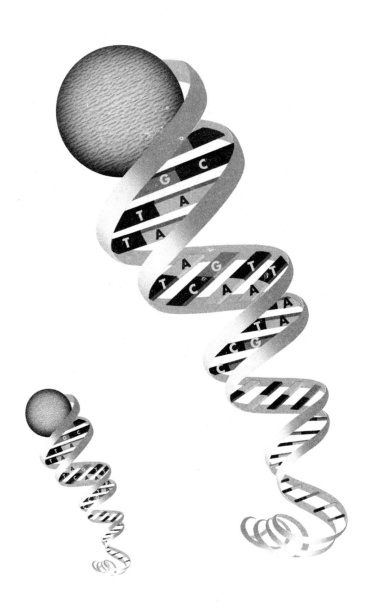

奋斗永无止境

　　科学绝不是也永远不会是一本写完了
的书。每一项重大成就都会带来新的问题。
任何一个发展随着时间的推移都会出现新
的严重的困难。

　　　　　　　　　　——爱因斯坦

　　科学家一旦做出成绩，就应该忘记自
己所做的事情，而经常去考虑他还应该做
的事情。

　　　　　　　　　　——费希特

　　1927年，摩尔根已经61岁，到了退休的年龄。此
时，他的果蝇实验也已接近尾声，他功成名就，当选
为国家科学院院长。事业取得了极大的成功，生活幸
福美满，要是换成别人，也许早该盘算一下自己的荣
誉，回家安度晚年了。可摩尔根却不，他接受了加州
理工学院的邀请，要去那里创办一所生物学院。

　　他总觉得自己还有许多的事情没做完，由于果蝇
实验而中断的早年所进行的胚胎学研究还没有取得令
人满意的结果；尽管此时，他一直倡导并身体力行的
实验生物学已被广泛地接受和普遍地受到重视，但他

又认识到，如果生命科学不与数学、物理、化学结合起来，不能做定量的实验，那么生物学永远也不可能有真正的突破，他十分信服达西·汤普森的观点："细胞和组织，甲壳和骨骼，叶和花，都是物质的一部分。而且，它们的粒子的移动、形成以及相互适应，都遵循物理学的法则。"

按照摩尔根的想法，应该在加州理工学院新建的生物学部里让生物学的研究赶上飞速发展的物理和化学，并不断地促进各学科之间结合。正是由于要去实

← 加州理工学院

践这些诱人的设想，摩尔根决定在加州理工学院一展宏图，按自己的规划设计，开创全新的生物科学研究方法。

在离开工作了将近半个世纪的哥伦比亚大学之前，摩尔根把大部分的果蝇（他们研究了18年，大约经历了15000代的果蝇）留给了布里奇斯和斯特蒂文特，又帮威尔逊处理了一些系里的工作。1928年秋，他正式来到了加州理工学院。

接受这么一个涉及面很广的行政职务，对摩尔根来说是个新挑战，他常说自己"就像一头实验室的动物那样，大半辈子都在拼命地想要摆脱这种行政事务上的纠缠"。可他还是接受了这个行政职务，并且工作得十分出色，一干就是14个年头。

1927年7月，摩尔根接受了这一任务，但没到校，他要求在哥伦比亚大学再逗留一年。

他想把那儿的精英囊括一空，全都弄到加州理工学院去，但又不愿给威尔逊留下一个空空如也的系，使他的一切都得从头做起。于是，他在纽约留了下来，利用这一年时间为他的新学院勾画蓝图。

摩尔根竟然接受了如此繁杂的行政职务，这是颇为反常的事。他原来一直自称是一个"大半辈子都在想方设法摆脱那些羁绊的实验室动物"。所以，他也有些着急，怕有朋友会认为他犯了个愚蠢的错误。

是的，他自己显然是愿意单干，或是在蝇室那种小团体的环境中工作，他对动辄兴师动众的做法的厌恶是众所周知的。

不过，在加州理工学院任职，也意味着他有机会按照自己的计划去组织一个生物学部。

重点的重点将是科研，而不是教学；而科研也将

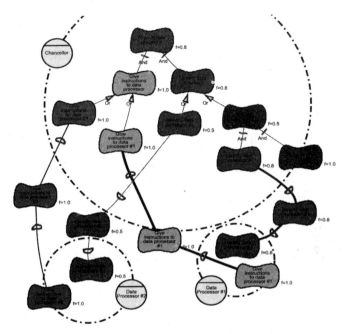

是"纯"科学的，不必和直接的实际应用绑在一起。
这个部的教员和招收的研究生要符合摩尔根的理想，
他们知道自己要干什么，而且不用过多指点，无需什
么监督就自己动手去干。再说，在一个管理有方的物
理科学研究机构里来实现这一计划，这本身就意味着
研究工作将是严密的、分析性的，生物学的研究将按
照与物理学和化学一样的标准进行。

　　摩尔根按这些要求拟定计划，略去形态学和其他
一些内容，道理是加州理工学院不想重复其他院校
（如霍普金斯大学和哥伦比亚大学）已经在做的工作，
而是要走在前面探索科研与教学的新方向。他正在做

的工作是建立一个他长期梦寐以求的兼有蝇室和那不勒斯试验站的特点的工作集体。但更加突出的一个重点是要建立起生物学与诸如物理学、化学等其他学科的协作——虽然他自己在研究工作中并不特别喜欢这么做。在加州理工学院，甚至生物学部大楼也被设计成与化学大楼连在一起，以便使两个学科有实际的接触，鼓励生物科学与其他基础学科相结合。植物学、动物学和遗传学合并为生物学部，但摩尔根反对建立一所医院的想法。正如他在初步方案中所述："（生物学部）将力求把那些对发现活体生物中各种现象的统一性具有共同兴趣的人们集合在一起，形成一个单一的组织。"他本人的数理化基础很有限，对这点他心中有数，但他的方案具有远见卓识，他的协作计划，通过他即将招聘来的新教员的共同努力，最后圆满地实现了。

关于可以用物理学和化学的原理解释生物学现象的见解，在19世纪即已提出了。达西·汤普森表述得很生动："细胞与组织，甲壳与骨骼，叶片与花朵，凡此物质的各部分，它们的粒子之移动、构造、成形，无不遵从物理学的定律。"摩尔根历来赞成这种观点。

他说："我们明白，只有当我们确切了解生物发育过程中的理化变化的时候，我们才有希望把对生物发育的研究提高到严格的科学的水平。"显而易见，当时他心目中并没有一个具体的办法，只是对已为物理学和化学赢得了那么大的成就的实验方法称赞不已。

人们不会指望摩尔根放弃他的通过实验学习的信条而去同施罗丁格、波林这样的大物理学家、大化学家搞理论推导。关于他们在方法上的歧异，莱纳斯·波林有过精辟的表述。他说："那时（1937年），我发现兰茨泰纳同我的治学方法很不相同：兰茨泰纳会问，'关于世界的性质问题，实验中观察到的这些结果会促使我们相信什么样的理论？'而我提的问题是，'关于这个世界，我们要怎样勾画出个最简单、最普通、最

有道理的图景，使其符合这些观察结果，而不与之相悖。'"摩尔根完全倒向兰茨泰纳一边，他相信真理只能来自实验。然而，在摩尔根正在组建的加州理工学院生物学部，这两种方法将会殊途同归。

摩尔根对于新的生物学部应包括哪些学科有相当坚定的意见：遗传学与进化论；实验胚胎学；普通生理学；生物物理学；生物化学。至于心理学这类学科以后再增补。但生物学部及其所属的系的具体形式和方向将取决于招聘到的教师。摩尔根决不搞滥竽充数，而是按客观需要从容地搜集人材，把最优秀的人物招来，让他们根据各自的兴趣和能力开展工作。正因为如此，他虽然在就这些学科征询意见，但第一学年（1928—1929年）真正办起来的只有一个遗传学系。他从哥伦比亚大学动物学系聘来布里奇斯、斯特蒂文特、杰克·舒尔茨、艾怕特·泰勒。他还从哥伦比亚大学招来了西奥多修斯·多布詹斯基，第一年他的身份是国际研究员，翌年改为助理教授。到1931年，除了哥伦比亚大学来的一批人以外，还有欧内斯特·G.安德森、亨利·傅苏克、赫尔曼·多尔克、罗伯特·埃默森、斯特林·埃默森、休·赫夫曼、卡吉·林德斯特龙兰、亨利·西姆斯以及肯尼思·V.西曼。詹姆斯·邦纳和赫尔曼·肖特是研究生，乔治·韦尔斯·比德

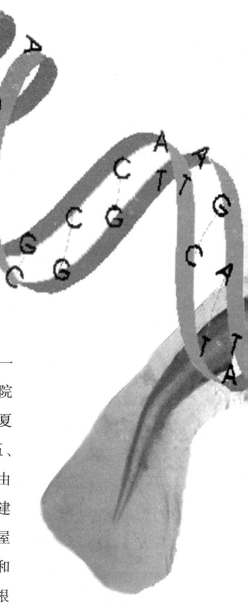

尔是在读博士后研究生。杰弗里·凯利是亨利·博苏克的助手，沃尔特·拉默茨是安德森门下的博士后研究生。

在哥伦比亚大学的最后一年，摩尔根画出了加州理工学院生物学大楼的蓝图。1928年夏末，一支人数不多的教员队伍、六七个研究生和一大批果蝇经由伍兹霍尔来到加州时，大楼才建好一部分。他们把能用上的房屋都用上了，又在别人的办公室和教室里挤着住了几个月。摩尔根的工作是监督建房工程及时完工，安排图书馆和实验室的设备。

他作为新建的生物学部的主任，所有的事都要全面考虑，人才的选择，学科和研究方向的确立，学术水平的提高，教学大纲规划和课程的设立以及实验设备的购置……一切从头开始，头绪繁多，摩尔根忙得

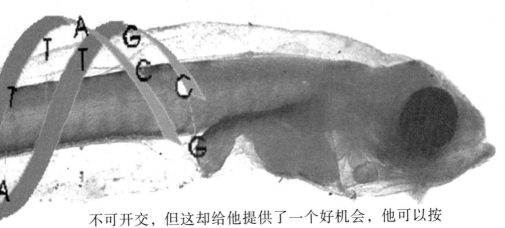

不可开交，但这却给他提供了一个好机会，他可以按照自己的想法去规划设计，这里的中心任务是科研，是那种不受急功近利所牵制的科研；这里的学生和教员要少沉湎于空洞的幻想和不切实际的夸夸其谈，也少求于指点，要有主见，要知道自己该干什么，怎么干；科研的水平要提高，必须按研究物理和化学同样精确的标准来进行，生物学科要尽可能地与物理、化学等多学科结合起来；课程的安排也要有所创新。

　　他在生物学部的规划方案中写道："我们将努力地
使一些人聚集到一个团体中来，这些人的共同兴趣在
于发现各种生物现象的统一性。"他深刻地体会到：只
有确切了解在发育过程中的化学和物理变化，我们才
能期望把有关发育的研究提高到一门精密科学的水平
上来。虽然摩尔根本人对物理、化学、数学的了解很

有限，他以前的实验中也很少用到这些方法，至于具体怎样去实现这些结合，他自己头脑中也没有明确的方案，但他却能如此远见卓识地清醒地认识到生物学未来的发展方向，并为此而奔波，是难能可贵的。他的这些倡导和努力实践为20世纪中期以后生物学突飞猛进的发展，起了一个巨大的推动作用。

对摩尔根来说，要购置许多贵重仪器设备是件难事，因为他使用简陋设备进行艰苦环境下的工作已成为习惯，他动用研究资金的吝啬也是人所共知的：他为了避免再添置一个文件柜，每隔5年就要焚毁一次自己的资料；新落成的生物系大楼，每层只安装一部电话，全楼只有一个秘书；有一个同事曾来向他要一箱装果蝇的瓶子（每个瓶子的价值不到一分钱），他说实验室里肯定有足够的旧瓶子，没有必要拿新的，于是这位遗传学之父领着这个同事在实验室里搜寻了足足两个小时；等等。他的学生 G.W. 比德尔深知老师的特点，一次，比德尔想要添置一台价值为90美元的显微镜物镜，他便把这件事精心地安排在一个星期天，因为这时常常是摩尔根独自一个人在胚胎学实验室工作，也是他心情最好的时候，于是比德尔终于成功地说服老师达到了目的。

但是，如果摩尔根认为确实必要的事，花钱他是

不吝惜的。

　　1919年斯特蒂文特曾报道过果蝇朱砂眼突变型在一个雌雄嵌合体上恢复成正常眼（雌雄嵌合体是蝇体的一半为雌性一半为雄性，两个眼睛的颜色各自受所带基因的控制）。比德尔认为这是研究基因作用规律的一条好线索，于是，比德尔设想用外科手术的办法把突变型幼虫的眼睛的芽体切下来，植入正常幼虫的体腔里，当寄主成熟后，再将植入的寄生眼睛取出，观察其颜色的变化，以发现规律。

　　比德尔为了实践这一想法，向洛克菲勒基金会申请经费去巴黎生物理化学院学习器官移植手术，但遭到拒绝，就在这时，突然从加州理工学院汇来了他所需要的1800美元，比德尔十分感动，他知道这一定又是摩尔根个人掏的腰包。尽管当时许多专家都认为比德尔的对果蝇进行器官移植的想法有些异想天开，是根本行不通的，但摩尔根却积极支持鼓励他，并以自己那常常是几乎没有偏差的直觉，一下子就意识到这项工作将会是极为有意义的。比德尔经历了无数次的努力，最后，他终于成功了，植入的寄生眼完全可以在寄主体内生长，并有了预期的结果：朱砂眼、朱红眼突变型的眼睛芽体在野生型蝇体内变成了与寄主同样的红眼（其他的突变型如白眼没有发生改变）。于是他们推测：野生蝇的组织内，产生了某种物质，这种物质是特定的酶，可以导致朱红色、朱砂色色素变为正常红色色素，这就是说基因的结构不直接决定性状，而是通过某些特定的酶控制代谢步骤，产生不同的表现型：

基因

前体物质 —酶Ⅰ→ 朱红色物质 —酶Ⅱ→ 朱砂色物质 —酶Ⅲ→ 正常红色物质

比德尔从巴黎回来以后到了斯坦福大学，同塔特姆一道试图用化学的方法鉴定出眼色素是种什么物质，但没有成功。于是，这两个人想出了一个很妙的主意：不要被动地碰到什么突变才研究什么突变，最好选择一种理想的生物，需要什么突变就主动地诱导它产生什么突变。这样，他们决定采用摩尔根从哥伦比亚大学带到加州理工学院来的一种真菌——红色面包霉。在哥伦比亚大学的时候，纽约植物园那位精明而固执的B.O.道奇博士曾劝告摩尔根把这真菌带走。道奇博士曾被红色面包霉没有按当时流行的遗传学理论来排列它的子囊孢子而难住，他竭力怂恿摩尔根对红色面包霉进行研究，说这是比果蝇更理想的实验材料。摩尔根终于答应把一些已经混杂的菌种给了一个青年研究生卡尔·C.林格伦。林格伦动手研究，弄清了红色

面包霉的许多遗传规律。现在，比德尔和塔特姆认定这是种理想的材料。原因有三：一是经过林格伦的研究，其遗传规律已大体弄清；二是用X射线或紫外线照射孢子很容易诱发突变；三是这种真菌将在一定的基本培养基上生长，而培养基上没有的其他所需物质自己可以合成，所以，生化突变体由于在这种培养基上无法生长而容易识别。然后，在培养基上加入不同物质，观察哪种物质能刺激它生长，这样就可以进一步鉴定出突变体是哪一种营养缺陷型。他们用辐射处理，诱发了380个突变体，然后让这些突变体交配，对68000多个子囊孢子进行了检查。最后，这项研究产生了"基因指导酶的合成，而酶又控制特定的生化反应"这一概念。1958年，这项研究为遗传学赢得了第三次诺贝尔奖。

这件事又一次体现了摩尔根一贯注重人才的发现、使用和培养的优良品德，比德尔说："他是朴实、谦逊、热情而富有创造性的学者，特别善于激励学生和同事们通过研究工作来开拓科学的未来。"

日子过得很平静，摩尔根依旧那么忙，他把精力投入在实验室的工作和培养人才上，当然还要留下一半的时间来处理一大堆行政事务。这时期，孩子们都已长大成人，陆续离开了家，他和莉莲也都已是60开外的老人，可他仍然保持着多年的习惯：每天下班时为莉莲带回一朵红红的玫瑰花。

诺贝尔奖来得很突然。在这之前，摩尔根因同样的工作已两次被提名。第一次是1919年由罗斯·哈里森提名的，第二次是1930年由当时任奥斯陆大学校长的奥托·莫尔博士提出的。莫尔说提名之所以未被通过，是因为遗传学既不属于生理学，也不属于医学。

过去，除开两次例外，这个领域的获奖者不是医生就是医学院教授。摩尔根当然两者都不是，虽然1933年苏黎世大学的确曾授予了他荣誉医学博士称号。

第三次提名摩尔根的是卡尔·兰茨泰纳。他是免疫学家、内科医生，而且他本人也是诺贝尔奖金获得者，对他同莱文在1927年发现的MN血型进行遗传分析。

摩尔根出现在电影的新闻简报上，他显然心满意足，但也有几分腼腆，对于这项荣誉，他的态度很是谦逊，他经常说，光荣应归于整个实验生物学，而不是归于个人。听说奖金本是要授给蝇室集体，但蝇室的主要工作人员是四个，而集体奖不能超过三个人。

摩尔根内心也承认他的研究工作是集体智慧的成果，于是把这免税的4万美元奖金平均分给他自己的孩子和布里奇斯、斯特蒂文特的孩子。他给斯特蒂文特的信中只说，"现随信寄上一点钱，是给你孩子们的。"

摩尔根还是那样谦虚，他的同事们是从前来采访的新闻记者那里知道摩尔根获奖消息的，他的孩子和亲属们则是在报纸上看到这一消息的。摩尔根可不喜欢被记者们包围，他讨厌并尽量躲避这种场面，他准许记者们拍的唯一的一张照片是与左邻右舍的孩子们在一起的。学院为了让他能尽兴参加授奖活动，特意送给他一箱受禁的威士忌酒。可他还是由于工作脱离不开而没有出席在斯德哥尔摩举行的盛大的授奖仪式。

摩尔根放弃了参加12月10日诺贝尔诞辰那天在斯

德哥尔摩举行的盛大宴会的机会。

　　他的借口是，"鉴于这里正在筹组一个新的生理学研究中心，加之不久就要开展遗传学的生化研究，本人实在无法抽身。"无疑还有一个因素，他不喜欢衣冠楚楚、刻板正经的场合。说不定还有第三个原因：当时重新发现了果蝇和其他一些蝇类幼虫唾腺中的巨型染色体。自然界为遗传学提供的这种奇特的染色体比通常的染色体大 2000 倍。实际上巴尔比尼早在 1881 年就报道过这种现象，但被人遗忘了。先是海茨和鲍尔于 1933 年 1 月宣布重新发现了唾腺巨型染色体，同年

12月佩因特做了同样的宣布。正当这个节骨眼上发现巨型染色体，使摩尔根写一篇接受奖金的答谢辞也煞费踌躇，更不用说当众宣读了。

摩尔根学派对遗传的染色体理论的贡献多半是推论出来的，主要是基于对遗传现象的研究，很少直接接触到染色体，甚至连有关互换的细胞学证据都还不是最后的定论。但到了这时，科学家们不再要绞尽脑汁去解释果蝇身上那些细小的、未分化的中期染色体中发生的细微变化，他们可以直接用肉眼可见的唾腺巨型染色体的切片把它们辨认出来。

这些巨型染色体上有着无数横纹，人们可以借此证实或推翻连锁图和假想的染色体缺失、重复、倒位等现象。摩尔根学派面临着严峻的考验。新的资料将会推翻摩尔根对染色体的论断，还是会证实它？摩尔根能否保住他显赫的地位？

摩尔根告诉诺贝尔奖金委员会，说他乐意于次年夏天去瑞典。1934年4月，摩尔根夫妇启程去纽约，然后带上女儿伊莎贝尔取海路去伦敦，经过奥斯陆时拜会了莫尔夫妇，最后到了斯德哥尔摩，出席专门为他举行的欢迎仪式。到这时，结果已经有了。摩尔根的研究工作虽然有些细节还悬而未决，但总的说来还是得到了肯定，于是，在他的发言中主要介绍了过去

12个月里的发现。不过，在他的讲话原稿中（时间当是1934年6月）没有谈到连锁图。他很可能还不放心，怕连锁图不够准确。

摩尔根讲话的题目是《遗传学对医学和生理学的贡献》，但他讲医学并不热心。他自己很清楚，除了提供过遗传学咨询以外，其他是谈不上什么贡献的。虽然他的讲话稿是在阿尔伯斯·弗林博士的实验室近旁写的，而弗林这时正好发现了苯酮尿症，并且正在进一步研究它的生化机制，但摩尔根既没有提及这种遗传性疾病，也没有谈到它的生化遗传学机理。他同样没提到阿德里安·布莱尔做出的关于唐氏综合征是由不分离现象引起的。

摩尔根同美国大多数遗传学家一样对医学不感兴趣，他们最初还极力反对战后建立的人类遗传学会和出版有关的刊物。对于摩尔根来说，他对医学的这种成见还不只是停留在理论上。当他的女儿伊莎贝尔得了开放性咽扁桃体结核时，托维·莫尔博士（她刚当上内科医生还不到一个月的时间）建议说，孩子应找个大夫看看。但摩尔根没听她的意见。他说："啊，不要紧的，你就是我们的大夫呀。"

不过，摩尔根的讲话中，对基因调节的可能的机制讲得非常精彩。

就在摩尔根去领奖之前，有两位科学家再次报道
（第一次是1881年报道的，但此后就被遗忘了）发现
了蝇类幼虫的唾腺中的巨大染色体。巨型唾腺染色体
上可清楚地看到许多明显的微小横带，可直接证实染
色体连锁图以及缺失、重复、倒位等理论。在此之前
摩尔根学派对染色体遗传理论的论述，实际上都是推
理性的，而且只是基于遗传学的研究，并无直接的细
胞学证据。而现在，事实清楚地摆在人们面前，摩尔
根学派的理论的正确性被彻底地证实了。

加州理工学院生物学部迅速地发展起来，摩尔根
从哥伦比亚大学招聘来了布里奇斯、斯特蒂文特等人，
又从别的地方招来了一大批杰出的生物学家及一些研
究生。工作扎扎实实地开展，布里奇斯和斯特蒂文特
继续绘制果蝇基因图，比德尔研究红色面包霉，另外
还有人开始研究细菌和病毒。这里成了孟德尔遗传学
派的人才培养基地、遗传学家的摇篮。40年后，加州
理工学院生物系出了十几位美国科学院院士，数位诺
贝尔奖的得主。我国著名遗传学家谈家桢也是摩尔根
的学生，他是中国遗传学研究的开创者之一。

摩尔根又继续他早年的胚胎学和再生、性别分化
等问题的研究。他研究的对象很庞杂，有海星叉枝的
再生、蝾螈随季节变化而发育起来的第二性征、小鼠

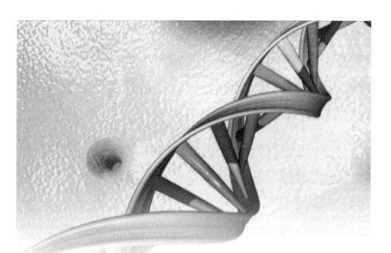

的杂交、金甲虫颜色的变化、玻璃海鞘的自交不育等等。他源源不断地发表着论文，总结着实验结果，他的工作永远那么多，总也干不完。

一次，他遭车祸，汽车风挡玻璃的碎片刺入他的背部，正巧一位医科学院的学生路过，为他止血并帮助送到医院（后来，这个学生在经济困难时，也曾收到一份匿名奖学金）。虽然他的伤势没有致命的危险，可医生还是责令他好好休息不得离开病房，两个月后他的伤口渐渐愈合，但活动还不便。对于摩尔根来说，中断工作的痛苦似乎比伤口的折磨更难以忍受，所以，伤势刚一好转他便急不可待地返回了实验室。

摩尔根来加州理工学院最初协议上的5年聘期很快就到了，这时他已67岁，学院理事会对他的工作十分满意，也为生物学部的声誉与日俱增感到高兴，他本可以载誉引退，但摩尔根对新学部的发展却不满足，他请求再干5年，到1938年他又请求再干4年，直到1942年，他已经76岁高龄时，才退休成为生物学部的名誉教授和主席。

摩尔根退休以后，街对面校园里他原来的办公室仍然属他所有，实验室里也保留了他原来的位置。加州理工学院买下了科罗纳·德尔马海洋生物实验站，在摩尔根指导下装备起来，现在成了他在加州的伍兹霍尔。每逢星期天，有青年教师开车送他到那儿去，大约有一小时路程。但其余六天他都在加州理工学院实验室里工作。

果蝇研究的世界中心早已随着摩尔根迁至帕萨迪纳，现在这项工作仍在继续，但没有它的创始人参与。当需要对遗传学做新的总结时，斯特蒂文特和比德尔执笔写了一本新书，书名《遗传学导论》。这是一本写得极好的书，至今仍在重印。霍尔丹临去世时写了一篇评论，称它是迄今对经典遗传学作的最好说明。斯特蒂文特、布里奇斯和加州理工学院另外好多遗传学家，甚至包括摩尔根夫人，都一如既往，继续进行大量的果蝇实验。但摩尔根本人已把精力用在其他工作上。也许，他之所以愿意这样转向，就像他决定出任行政领导人一样，部分原因是他感到果蝇研究已对遗

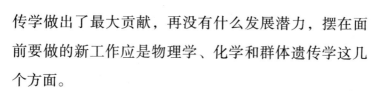

传学做出了最大贡献，再没有什么发展潜力，摆在面前要做的新工作应是物理学、化学和群体遗传学这几个方面。

在他生命的最后里程中，他又发现了一个事实：有关玻璃海鞘自交不育的基因存在于一对以上的染色体上，他们通过在卵细胞周围产生一层蛋白膜而造成不育。

摩尔根只得过一种慢性病，也就是十二指肠溃疡。他身上一切不适都要反映在胃上。

有几桩事常弄得他疲于奔命，应邀讲课便是其中一件。经常有人邀他去做学术报告。虽然酬金很高，但他大多谢绝了。有一次，他要去斯坦福大学做报告，但感到很紧张。他女婿道格拉斯·惠特克让他喝点酒，但只找到一只大杯子，容量达8盎司。惠特克一面斟酒，一面问他"行了吧"，但摩尔根总不开口。然后，他竟把那8盎司威士忌一口气倒进肚里。惠特克大为惊惶。摩尔根叫这年轻人放心，说没问题："我的酒量自己知道。"接着，他去做报告，讲得很精彩。

摩尔根从来不抱怨他工作紧张、既不叫哪里痛，也不说哪里不舒服，但莉莲根据他的饭量判断他在大学的一天情况如何，她也根据他胃病发作的情况估量他的不同著作的价值。就像其他许多事情一样，在摩尔根家里，他的紧张和由此引起的肠胃疾病大家都矢口不提，但都心照不宣。

1945年12月4日，这位从不知疲倦的老人，走完了他光辉的一生，安详地离开了爱他的妻子、儿女和永远都怀念他的同事、学生。

半个世纪后的今天，他所奠基的遗传学已进入到了分子水平，人类已破译了遗传密码，基因工程突飞猛进，转基因动植物技术已应用于生产实践……这正是摩尔根这位遗传学之父所希望的。

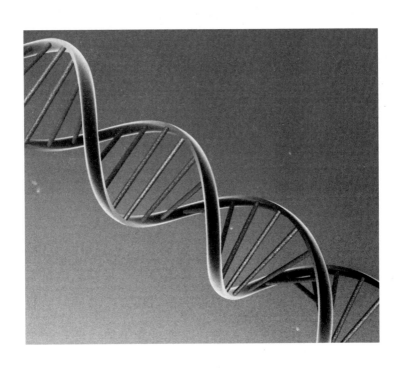

永恒的丰碑

> 人生不是一只短短的蜡烛，而是一只由我们暂时拿着的火炬，我们一定要把它燃得十分光明灿烂，然后交给下一代的人们。
>
> ——肖伯纳

摩尔根一生中的专著和论文是很多的，主要的有：《论海洋蜘蛛》《再生》《进化和适应》《实验动物学》《什么是孟德尔解释中的"因子"?》《染色体和遗传学》《果蝇中的性别限定遗传》《依据果蝇中的性别限定遗传试析染色体的结构》《果蝇中的新的性别比率的解释》《遗传与性别》《老鼠中的多倍体等位基因》《孟德尔遗传原理》《进化论与遗传学》《基因理论》《交叉配列和交换》《基因的线式序列的证据》《胚胎学和遗传学》。

他一生获得的荣誉头衔也有不少：1900年度的美国形态学会主席，1909年度的博物学会主席，1910年度的实验动物学会主席，1930年度的科学促进协会主

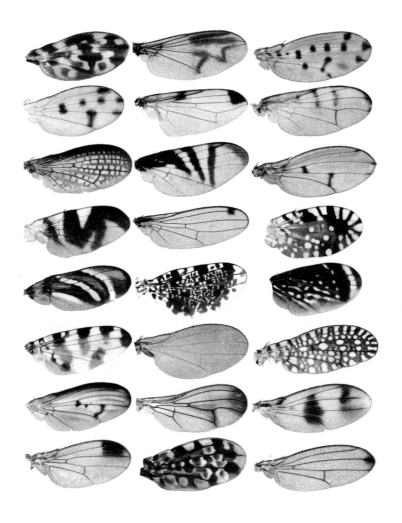

席，1932年第六届国际遗传学大会主席，1927—1931
年任国家科学院院长，1933年获诺贝尔奖，1924年、
1939年分别获得英国皇家学会颁发的达尔文奖章和开
普勒奖章。

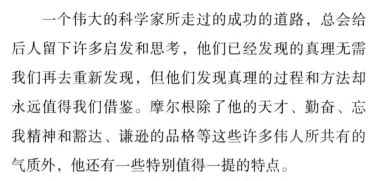

　　一个伟大的科学家所走过的成功的道路，总会给后人留下许多启发和思考，他们已经发现的真理无需我们再去重新发现，但他们发现真理的过程和方法却永远值得我们借鉴。摩尔根除了他的天才、勤奋、忘我精神和豁达、谦逊的品格等这些许多伟人所共有的气质外，他还有一些特别值得一提的特点。

　　他永远向往追求的只有事实和真理，而从不顾及权威和自己的面子。对孟德尔学说的态度正说明这一点，开始他对孟德尔的定律极为信服，但他验证时发现并非如此，转而对孟德尔产生怀疑，随着果蝇实验的一步步深入，他不仅确信而且大大地发展了孟德尔学说。

　　再有，他对于达尔文的自然选择理论也有一个逐渐接受并提出进一步解释的过程。他承认达尔文是一位伟大的生物学家，进化也是事实，但他对当时某些人无限夸大自然选择的作用表示不满。最初，他认为进化论的核心问题——自然选择理论是没有任何实验证据的，他难以承认微小的偶然事件会引起重大发展，特别是他没见到发展中的各个阶段时。1922年6月他访问牛津大学期间，赫胥黎安排他参观若干套足以说明适应性变色的代表性昆虫标本，摩尔根说："这太奇特了！我简直不知道世界上还存在有这类东西！"他简直不愿离开一步，甚至当赫胥黎请他去用午餐也无法说服他离开。赫胥黎说："我自豪地认为，正是在这一时刻，他转而相信适应性以及在产生这种适应性过程中的自然选择的效力了。"而且摩尔根对进化

和自然选择做了进一步的解释：进化意义上的变异是非连续性的，只有这些变异才是可遗传下去的，选择只是一种消极因素，是从已表现出的不适应的变异中挑选出适应的变异。

摩尔根还是一位博物学家，他兴趣十分广泛，常常是同时进行几个方面的研究，他的研究涉及了生物学多个领域，这对启迪他的思维也许是十分有帮助的。

　　毫不奇怪，人们把摩尔根作为一位遗传学家来纪念。然而他个人却认为自己是个实验动物学家，主要兴趣爱好是实验胚胎学。摩尔根忙于搞遗传学研究，无暇再去充当胚胎学的奠基人，不过，梯度理论的确是他在1904年和1905年提出来的。他区分出再生现象的两种过程，而且创造了"变形再生"这个新名词。他发现，生物的再生必须以存在着神经组织为前提，而再生并不是一种适应现象。他还研究了影响卵子的条件，测定了精子进入卵的部位、第一次卵裂面和最终对称面三者的相关性。他发现镁盐可以诱导孤雌生殖，而钾盐、低温、缺氧会导致畸形发生。他证明离体的卵裂球可以正常发育，从而否定了镶嵌说。同时，他比谁都先认识到，只有证明了有某种机制调节着基因活动之后，才可能用遗传学理论解释胚胎学的问题。

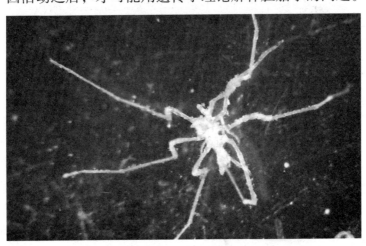

摩尔根最优先考虑的并不是遗传学，而是胚胎学。他写的遗传学方面的书，经常是匆匆忙忙，草草成篇，而他写的《实验胚胎学》却一反他的常规，精雕细刻，推敲再三，成书费时达七年之久。可惜读者对这本书却不予理会。确实，摩尔根的胚胎学研究大部分都被埋没了。在1966年纪念摩尔根诞辰100周年的座谈会上，世界知名学者宣读了许许多多讨论遗传与发育的论文，他们对摩尔根表现出无限的崇敬与钦佩，然而竟无一人引证过他的胚胎学著作。他这方面的成就之所以被人忽略，是因为摩尔根当时已被明确地冠上了"遗传学家"的头衔（至今还是这样，正如我们这本书的书名标上了"遗传学的奠基人"一样）。头衔的效力极大，以至于他发表的遗传学的见解，即使是错的，别人也以为是对的；而他发表的胚胎学的意见，即使说得对，别人也不接受。也许孟德尔之被埋没也是出于同样的原因：修道士能懂得什么科学？加罗德的光辉发现多年无人问津也是同一道理：一个内科医生会懂得多少遗传学？

摩尔根反对给人画框框，戴帽子。加州理工学院之所以取得惊人成就，这种态度起了很大作用。他在加州理工学院反对学科间各自为政，力主把遗传学、动物学、胚胎学、生理学合并为生物学，他还提倡生物学同化学、物理学相结合。只要想想摩尔根一贯喜欢利用简陋设备单干的癖好，想想他数理化根基之薄弱，他能提出这种主张更是难能可贵。

　　他认为他自己的成功有四个条件：运气好，实验

材料选用得当，怀疑一切，勤学苦干。他还应加上一
条：能抓住重要问题而放弃意义不大的枝节。也许还
应再加一条：有些看来办不到的事他也要闯一闯。当
德里施发现一种机器（这里指卵）能分成两半，每一
半都具有与整体等同的发育潜力时，他觉得这种结果
难以置信，于是紧急转向，放弃了胚胎学。摩尔根则
不一样，他也觉得这样的结果不可能，但却因此搞起
了胚胎学研究。

　　能代表摩尔根这种治学态度的另一个极好的例子
是他同青年胚胎学家詹姆斯·尼尔之间的几句对话。
在伍兹霍尔，当讨论到果蝇的咽侧体和环腺的移植问
题时，尼尔说，这在技术上是非常困难的。而摩尔根
用了一句他自己的口头禅来回答。他说："困难固然困
难，但不是办不到。"

　　在认识他的人中，人人都说，"我们喜欢摩尔根"。
他们喜欢他从不虚夸骄矜的作风，表现在他头发不梳
理，裤子用一根绳子系着；他们喜欢他愿意去干似乎
是办不到的事情，不被他人的意见所吓倒；他们喜欢
他对待学生和同事的民主作风，不计较别人的文凭和
私生活；他们喜欢他的风趣幽默，他孩子气的热情和
他在实验室交换意见时的快乐。甚至他使用公款的吝
啬也使他们喜欢，因为这适同他对自己的钱财和时间

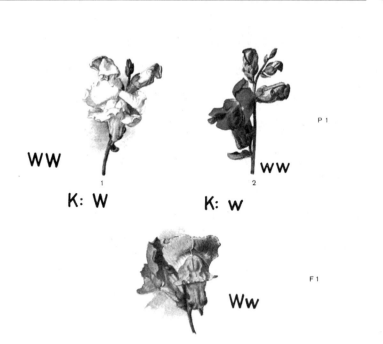

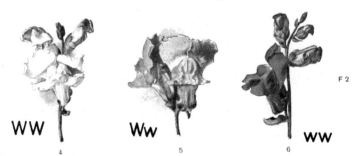

的慷慨大度构成鲜明对比。这是一位传奇式的人物。
在他实验室里工作过的一代代科学工作者都十分敬爱
他。

摩尔根在为英国遗传学家威廉·贝特森写的讣告
中提到，贝特森说过："民主政治认为等级差别是罪

过，我们却认为是不可或缺的。"贝特森一定意想不到
实验室里的学生竟然可以以平等的身份同导师争辩。
同时，这奇臭无比的实验室也使他大为惊讶。贝特森
在1922年圣诞节期间参观蝇室后回国不久，E.B.福特
教授在伦敦繁华的皮卡迪利大街见到查尔斯·达尔文
的儿子伦纳德，他们决定一道去看贝特森，听听他带
回的新闻。他们在豪华的雅典娜俱乐部找到他。贝特
森对他们说，摩尔根是正确的，而他自己一生的研究
却是白做了。不过，他不久又变了卦，恢复了他那种
怀疑主义的态度，原因是摩尔根的实验室"实在太肮
脏"。

朱利安·赫胥黎在他为美国哲学学会写的纪念摩
尔根的回忆录中说，"他逝世以后，有一次我到美国去
讲学，有机会访问了他出生的地方，参观了他的老家
（这是由利兰·布朗博士组织的考察）。这次活动很有
意义。他之所以形成那种性格，很大部分可以从他的
家乡找到解释"。赫胥黎也提到他珍藏着一本《遗传学
的物质基础》，上面题有："异教徒托马斯赠叛教者朱
利安。"

当然，摩尔根不是完人。他与米勒之间就有着一
些矛盾，米勒认为他没有充分肯定他的学生个人所取
得的新发现，而是让这些新发现看上去像是整个班子

摩尔根

的研究成果。摩尔根不喜欢社会活动，一次肯塔基州立大学的校长因要开设进化论而受到围攻，当地知名人士联名支持校长，摩尔根却没有签名；1918年人们庆祝大战休战，同事们都走上街头焚毁德皇模拟像，而摩尔根却没有离开实验室。他看不出这些与他有什么相干，也不曾装作看出，然而一旦他视为分内的事情，就会竭尽全力。尽管摩尔根身上存在着某些弱点，但他永远不失其真诚、正直和坦率。

只有基于客观的观察而得出的假说他才相信，这使他解开了许多自然的奥秘，同时也因为他惯于动脑子，使他成为一个摆脱民族主义、狂热妄想和任何偏见的、富有同情心的人。他是一个成功的科学家、成功的领导者，而且——虽然摩尔根本人也许不同意——也是个成功的教师。他做这些工作总是谦虚谨慎、热情洋溢、愉快乐观，从而形成了他对待科学，对待人生的古怪态度。

他永远是科学航道上的一座灯塔，永远是生命科学的一个里程碑。